Tecnologías aplicadas a la venta y atención a la clientela. COMT0068

Beatriz Coronado García

ic editorial

Tecnologías aplicadas a la venta y atención a la clientela. COMT0068
© Beatriz Coronado García

1ª Edición

© IC Editorial, 2026

Editado por: IC Editorial
c/ Cueva de Viera, 2, Local 3
Centro Negocios CADI
29200 Antequera (Málaga)
Teléfono: 952 70 60 04
Fax: 952 84 55 03
Correo electrónico: iceditorial@iceditorial.com
Internet: www.iceditorial.com

ISBN: 979-13-7027-189-3
Depósito Legal: MA 570-2026

Impresión: PODiPrint
Impreso en Andalucía - España

Nota de la editorial: IC Editorial pertenece a Innovación y Cualificación S. L.

Especialidad formativa

Se entiende por especialidad formativa la agrupación de contenidos, competencias profesionales y especificaciones técnicas que responde a un conjunto de actividades de trabajo enmarcadas en una fase del proceso de producción y con funciones afines.

Las especialidades formativas de Uso General, Formación Complementaria, Formación Modular y las especialidades formativas dirigidas a la obtención de certificados de profesionalidad se incluyen en el Fichero de Especialidades del Servicio Público de Empleo Estatal para su gestión en todo el territorio nacional por cualquier Administración competente.

Las especialidades complementarias, pertenecen todas a la Familia profesional de Formación Complementaria (FCO) y tienen la consideración de formación transversal en áreas que se consideran prioritarias tanto en el marco de la Estrategia Europea para el Empleo y del Sistema Nacional de Empleo como en las directrices establecidas por la Unión Europea. Se consideran áreas prioritarias las relativas a tecnologías de la información y la comunicación, la prevención de riesgos laborales, la sensibilización en medio ambiente, la promoción de la igualdad, la orientación profesional y aquellas otras que se establezcan por la Administración competente.

Las especialidades de Certificado de profesionalidad tienen una duración especificada en su normativa reguladora.

En el resultado de la búsqueda, se muestran las unidades de competencia, todos los módulos formativos con su duración y las unidades formativas del certificado correspondiente, con su duración. Las horas del certificado, exclusivo de las especialidades de certificado de profesionalidad, con alta igual o superior a 2008, son las horas totales más las horas del módulo de Prácticas Profesionales no Laborales.

➲ **Si la especialidad tiene unidades formativas,** las horas totales, presencial, distancia, teleformación serán igual a la suma de esas horas de las unidades formativas de los distintos módulos, sin que se repita ninguna Unidad formativa.

⊃ **Si la especialidad no tiene unidades formativas,** las horas totales, presencial, distancia, teleformación serán igual a las sumas de esas horas de los módulos formativos, eliminando las horas de los módulos repetidos.

https://sede.sepe.gob.es/especialidadesformativas/RXBuscadorEFRED/BusquedaEspecialidades.do

(Fuente: Servicio Público de Empleo Estatal)

Índice

OBJETIVOS GENERALES

Los objetivos general del **COMT0068. Tecnologías aplicadas a la venta y atención a la clientela,** son:

- ➲ Optimizar la calidad de un servicio y la efectividad comercial en general mediante la integración de tecnologías y herramientas en línea.
- ➲ Optimizar la atención a la clientela y utilizar las herramientas tecnológicas adecuadas para mejorar la calidad del servicio.
- ➲ Aplicar nuevas tecnologías en el proceso de venta y utilizar herramientas de venta en línea para mejorar la eficiencia y efectividad de las estrategias comerciales.

Características y herramientas de atención a la clientela

Contenido

Objetivos

El objetivo general de esta Unidad de Aprendizaje es:

→ Optimizar la atención a la clientela y utilizar las herramientas tecnológicas adecuadas para mejorar la calidad del servicio.

Los objetivos específicos de esta Unidad de Aprendizaje son:

→ Identificar los principios clave de la atención a la clientela

→ Valorar la orientación a la clientela como base de la satisfacción y la fidelización.

→ Analizar herramientas tecnológicas de apoyo para mejorar la gestión del servicio.

→ Aplicar técnicas de atención profesional en canales digitales.

1. Introducción

La atención a la clientela exige saber tratar a cada persona de forma adecuada, pero también manejar bien la información, los tiempos y los canales de comunicación. En muchas empresas, una misma jornada puede incluir consultas presenciales, correos electrónicos, mensajes por chat, incidencias pendientes y tareas de seguimiento que deben resolverse sin perder claridad ni orden.

Las herramientas tecnológicas se han convertido en un apoyo habitual para organizar la atención y mejorar su calidad. Sistemas como los CRM, los *call centers* o las plataformas de seguimiento permiten registrar información, coordinar respuestas, reducir errores y dar continuidad a cada caso. Su utilidad es evidente cuando se emplean con criterio, porque facilitan el trabajo interno y mejoran la experiencia de la clientela.

En esta unidad seguiremos a Julieta y Aitor, que trabajan en el área de atención al cliente de una empresa de servicios. Aitor atiende directamente a la clientela, responde dudas, recibe quejas y orienta a las personas usuarias cuando surge un problema. Julieta se encarga de revisar las incidencias registradas, actualizar la información en las herramientas de gestión y comprobar que cada caso quede bien documentado y resuelto.

2. Identificación y descripción de los principios clave de la atención a la clientela

👉 **HILO CONDUCTOR**

Nada más empezar la mañana, Aitor atiende a una clienta que quiere saber por qué todavía no ha recibido respuesta a una solicitud enviada días antes. Mientras le explica la situación, intenta mantener la calma, escuchar con atención y darle una información clara. Julieta revisa el caso y detecta que faltaba registrar una actuación en el sistema.

- -

La atención es una actividad que influye de forma directa en la imagen del negocio y en la percepción que la clientela construye desde el primer contacto.

Cuando una persona solicita información, plantea una duda, realiza una compra o comunica un problema, espera ser atendida de forma correcta. Espera comprensión, orden, educación y una respuesta útil. Si eso no ocurre, la experiencia empeora, aunque el producto o servicio sea adecuado.

NOTA

Atender bien exige algo más que buena disposición.

La clientela valora el trato recibido, el tiempo de espera, la facilidad para entender la información y la sensación de que su necesidad ha sido tomada en serio. En muchos casos, estos elementos influyen tanto como el precio o la calidad del producto.

2.1. Características de la atención a la clientela

La atención a la clientela tiene una serie de rasgos que permiten reconocer cuándo se está trabajando de forma profesional y cuándo no. Estas características afectan al modo de hablar, de escuchar, de informar y de resolver situaciones cotidianas.

NOTA

Una atención correcta transmite seguridad.

La persona que atiende debe saber cómo dirigirse al cliente, cómo responder y cómo mantener una actitud adecuada durante toda la interacción. Esto genera confianza y facilita la relación.

Además, la atención de calidad debe adaptarse a situaciones diferentes. No es lo mismo atender a una persona que solo necesita una información breve que a otra que llega molesta por una incidencia. En ambos casos debe mantenerse el respeto, pero la forma de responder no será exactamente la misma.

Hay varias **características** que determinan la calidad del servicio:

- **Claridad.** La información debe darse de manera comprensible. Conviene evitar explicaciones confusas, frases demasiado largas o tecnicismos que la clientela no tiene por qué conocer.
- **Amabilidad.** El trato debe ser correcto, educado y respetuoso. La amabilidad no consiste en sonar artificial, sino en mantener una actitud adecuada, cuidar las formas y mostrar disposición para ayudar.
- **Escucha activa.** Antes de responder, hay que entender bien la situación. Escuchar de verdad permite detectar qué necesita la persona, qué le preocupa y qué espera obtener.
- **Rapidez.** La clientela valora que la atención no se alargue innecesariamente. Ser ágil ayuda a mejorar la experiencia, siempre que esa rapidez no provoque errores o respuestas incompletas.
- **Fiabilidad.** La información ofrecida debe ser correcta. Si se comunica un plazo, debe cumplirse. Si se promete una llamada o una gestión, debe realizarse. La confianza depende en gran parte de esa coherencia.
- **Adaptación.** Cada cliente tiene una forma distinta de plantear sus dudas o necesidades. Algunas personas quieren una respuesta muy breve. Otras necesitan más orientación.
- **Discreción.** En muchos contextos se manejan datos personales, incidencias privadas o situaciones delicadas. La información debe tratarse con reserva y cuidado, tanto en atención presencial como telefónica o digital.
- **Continuidad.** La atención no siempre termina en el primer contacto. A veces hace falta seguimiento, confirmación o resolución posterior. Cuando ese seguimiento falla, la experiencia se resiente, aunque el inicio haya sido bueno.

◉ EJEMPLO

Si una persona pregunta por un servicio y recibe una respuesta seca, poco clara y apresurada, probablemente se irá con mala impresión. Si recibe una explicación ordenada, un trato correcto y una orientación concreta, la percepción cambia de inmediato.

- -

2.2. Importancia de la orientación a la clientela

Orientar la actividad hacia la clientela significa trabajar teniendo en cuenta sus necesidades, sus expectativas y su experiencia durante todo el proceso.

Se trata de entender que el servicio debe estar pensado para facilitar la relación con la clientela y ofrecer respuestas útiles.

Algunos **aspectos** que muestran una verdadera **orientación a la clientela** son los siguientes:

Accesibilidad	La persona debe poder contactar con la empresa con facilidad. Horarios claros, canales visibles y formas sencillas de comunicación mejoran mucho la experiencia.
Comprensión de necesidades	No basta con responder de manera automática. Hay que identificar qué necesita realmente la persona y qué solución encaja mejor en su caso.
Facilidad en los procesos	Cuanto más complicado es un trámite, más posibilidades hay de generar frustración. Una organización orientada a la clientela intenta reducir pasos innecesarios, esperas evitables y confusiones.
Coherencia	La información debe ser la misma en todos los canales. Si una persona recibe una respuesta por teléfono y otra distinta por correo o en mostrador, la confianza disminuye.
Capacidad de respuesta	La orientación a la clientela también se nota cuando la empresa responde con sentido común ante imprevistos, errores o reclamaciones.

 **IMPORTANTE**

Una clientela bien atendida tiene más probabilidades de volver, recomendar el servicio y mantener una percepción positiva del negocio.

La orientación a la clientela no depende solo de quien atiende cara a cara. También afecta a quien diseña formularios, organiza citas, gestiona pedidos, responde correos o redacta instrucciones. Cualquier decisión interna puede facilitar o complicar la experiencia del cliente.

2.3. Control de los procesos de atención a la clientela

Controlar un proceso significa revisar cómo se está atendiendo, cuánto se tarda, qué problemas se repiten y qué resultados se están obteniendo. Es una forma de observar el servicio con criterio profesional.

Un proceso de atención puede incluir varias fases: recepción de la consulta, identificación del problema, respuesta inicial, derivación si procede, resolución y seguimiento. Si alguna de estas partes falla, la experiencia del cliente empeora.

Los **elementos** que suelen controlarse son:

- **Tiempo de espera.** Permite comprobar cuánto tarda la clientela en ser atendida. Las esperas largas suelen generar malestar, sobre todo si no se informa de la causa.
- **Tiempo de respuesta.** Mide cuánto tarda la empresa en ofrecer una solución o una contestación útil. Este dato es muy importante en atención telefónica, por correo electrónico o por mensajería.
- **Calidad de la información.** Sirve para revisar si las respuestas son claras, correctas y coherentes. No basta con contestar rápido si la información está incompleta o es contradictoria.
- **Resolución de incidencias.** Conviene analizar cuántos problemas se solucionan realmente y cuántos quedan pendientes o se repiten.
- **Trato recibido.** La forma de atender también puede evaluarse. El respeto, la educación y la capacidad de escucha son aspectos esenciales del servicio.
- **Número de reclamaciones.** Las reclamaciones no siempre indican un mal servicio, pero sí aportan pistas muy útiles sobre puntos débiles del proceso.
- **Satisfacción final.** Permite conocer cómo valora la clientela la atención recibida y si la solución ofrecida ha sido adecuada.

Para controlar bien estos procesos, suelen utilizarse **herramientas** sencillas pero eficaces:

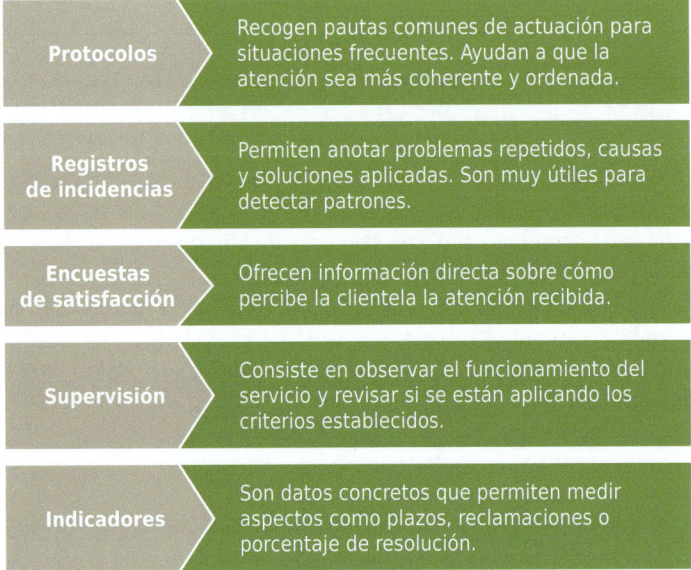

Protocolos	Recogen pautas comunes de actuación para situaciones frecuentes. Ayudan a que la atención sea más coherente y ordenada.
Registros de incidencias	Permiten anotar problemas repetidos, causas y soluciones aplicadas. Son muy útiles para detectar patrones.
Encuestas de satisfacción	Ofrecen información directa sobre cómo percibe la clientela la atención recibida.
Supervisión	Consiste en observar el funcionamiento del servicio y revisar si se están aplicando los criterios establecidos.
Indicadores	Son datos concretos que permiten medir aspectos como plazos, reclamaciones o porcentaje de resolución.

2.4. Evaluación de las prácticas sostenibles y su impacto en la satisfacción del/la cliente/a

Las prácticas sostenibles tienen cada vez más peso en la percepción de la clientela. Muchas personas observan si una empresa actúa con responsabilidad en aspectos como el uso de materiales, el consumo de recursos, la gestión de residuos o la reducción de impactos innecesarios.

NOTA

Una organización que transmite responsabilidad, coherencia y compromiso suele generar una imagen más positiva.

A continuación, se detallan algunas **prácticas sostenibles** que pueden influir en la atención a la clientela:

⮥ **Reducción de papel.** El uso de *tickets* digitales, facturas electrónicas o documentación *online* puede reducir consumo y agilizar ciertos procesos, siempre que se aplique de forma sencilla.

⮥ **Gestión de residuos.** La separación correcta de residuos y la existencia de sistemas visibles de reciclaje transmiten orden y responsabilidad.

⮥ **Uso responsable de materiales.** Reducir envases innecesarios, bolsas de un solo uso o embalajes excesivos mejora la percepción del servicio en muchos sectores.

⮥ **Eficiencia energética.** La iluminación adecuada, los equipos eficientes o la reducción de consumos innecesarios forman parte de una gestión más responsable.

⮥ **Información transparente.** Explicar qué medidas se aplican y por qué se aplican ayuda a que la clientela las entienda y las valore mejor.

⮥ **Digitalización útil.** Cuando evita desplazamientos, trámites repetitivos o consumo innecesario de recursos, la digitalización puede mejorar tanto la sostenibilidad como la comodidad del servicio.

Estas prácticas deben evaluarse con realismo. No basta con aplicarlas sobre el papel ni con utilizarlas como reclamo publicitario. La clientela percibe rápidamente cuándo hay coherencia y cuándo no.

La sostenibilidad debe aportar valor real y no convertirse en una dificultad añadida.

Algunos aspectos que conviene evaluar son:

Cumplimiento real
Hay que revisar si las medidas sostenibles se aplican de verdad en el día a día o si solo aparecen en la comunicación externa.

Percepción de la clientela
Conviene saber si la clientela conoce estas medidas, si las aprecia y si influyen en su valoración del servicio.

Efecto sobre la comodidad
Una práctica sostenible bien implantada mejora la experiencia. Si se aplica mal, puede generar molestias o confusión.

Coherencia
La empresa debe actuar de forma acorde con lo que comunica. Cuando promete responsabilidad ambiental y luego no la demuestra, pierde credibilidad.

Continúa en página siguiente >>

<< Viene de página anterior

> **Impacto en la satisfacción**
> Es importante comprobar si estas medidas mejoran la imagen del negocio, refuerzan la confianza o favorecen la fidelización.

PARA SABER MÁS

Para ampliar información sobre cómo aplicar medidas sostenibles en el entorno laboral, puede consultarse la infografía "6 consejos: Cómo hacer tu oficina más sostenible", un recurso visual que recoge recomendaciones prácticas para reducir consumos, gestionar mejor los residuos y mejorar hábitos cotidianos en la oficina.

Accede a la infografía desde aquí:

https://redirectoronline.com/comt00680101

También resulta útil el documento "Reciclaje en el trabajo", publicado en el portal de servicios empresariales de Cámara Madrid, donde se ofrecen pautas sencillas para reducir, reutilizar y separar correctamente los residuos generados en el entorno profesional.

Accede al documento desde aquí:

https://redirectoronline.com/comt00680102

APLICACIÓN PRÁCTICA

A primera hora, Aitor atiende a una clienta molesta porque hace cuatro días envió una solicitud y nadie le ha respondido. Mientras consulta el sistema, descubre que la petición sí entró, pero no quedó registrada correctamente y por eso no siguió su curso. La clienta le dice: *"Siempre pasa lo mismo, nadie me informa de nada"*. En ese momento, Aitor tiene que responder aplicando principios de atención profesional: escucha, claridad, fiabilidad, adaptación y continuidad. ¿Cuál de las siguientes actuaciones refleja mejor esos principios?

- Decirle que él no llevó ese asunto, que seguramente fue un error del sistema, y pedirle que vuelva a enviar la solicitud para empezar el proceso otra vez.
- Interrumpirla para explicarle desde el principio cómo funciona el procedimiento interno, insistiendo en que normalmente esas solicitudes tardan y que tendrá que esperar a que la llamen.
- Escuchar primero sin cortar, reconocer que la falta de respuesta es un problema, explicar de forma clara qué ha ocurrido, indicarle qué gestión se va a hacer a partir de ahora y concretar cómo y cuándo recibirá seguimiento.
- Responder con amabilidad y pedir disculpas, pero sin revisar el caso en ese momento ni darle una información concreta, para evitar comprometerse a algo que quizá no pueda cumplirse.

Solución

Lo más coherente en una situación así es escuchar sin interrumpir, revisar el caso, explicar con claridad qué ha pasado y concretar el siguiente paso, ya que la clienta no solo necesita educación, sino también seguridad, información útil y continuidad real. Si no se aclara qué ha fallado y qué se hará ahora, la atención puede sonar correcta, pero no resulta fiable ni resolutiva.

3. Análisis de herramientas tecnológicas de apoyo a la atención a la clientela

 HILO CONDUCTOR

Después de resolver la primera incidencia, Julieta abre el sistema de gestión para comprobar qué consultas siguen pendientes, qué clientes han escrito en las últimas horas y qué casos necesitan respuesta urgente. Aitor, por su parte, consulta esos datos antes de devolver una llamada y responder a varias peticiones. Gracias al CRM, al registro de incidencias y a otras herramientas de apoyo, ambos pueden acceder a la información, evitar errores y dar continuidad a cada caso.

Gran parte de la atención a la clientela se apoya en herramientas tecnológicas que ayudan a organizar la información, registrar contactos, dar seguimiento a incidencias y responder con mayor rapidez.

Ahora bien, la tecnología por sí sola no garantiza una buena atención. Un sistema puede ser muy completo y, aun así, generar un servicio deficiente si se usa mal, si los datos no se actualizan o si las respuestas se vuelven demasiado automáticas.

 IMPORTANTE

La herramienta apoya, pero la calidad final sigue dependiendo de cómo se gestione.

La tecnología debe servir para aportar **ventajas** en el trabajo diario:

Organización	Permiten ordenar datos, consultas, incidencias y seguimientos.

Continúa en página siguiente >>

<< Viene de página anterior

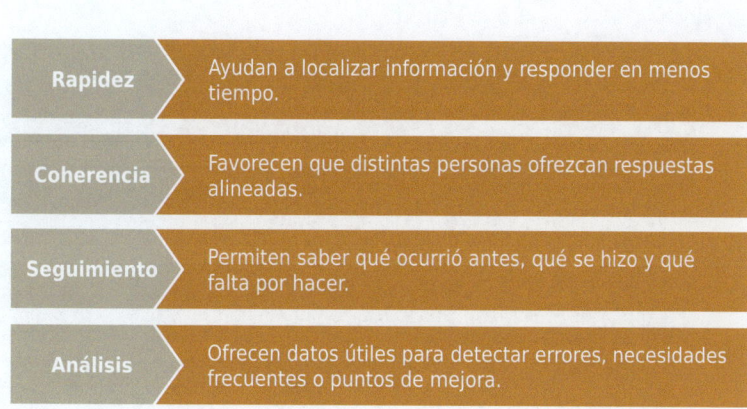

Su valor es especialmente visible cuando una empresa atiende a muchas personas, trabaja con varios canales a la vez o necesita mantener un registro continuo de la relación con la clientela.

3.1. Aplicaciones de gestión de relaciones con clientela (CRM)

Las aplicaciones de gestión de relaciones con clientela, conocidas habitualmente como CRM por sus siglas en inglés, se utilizan para registrar, organizar y consultar la información relacionada con cada cliente o contacto.

Un CRM permite reunir en un mismo espacio datos que, de otro modo, quedarían dispersos en correos electrónicos, hojas de cálculo, agendas o notas internas. Esto facilita mucho el trabajo, sobre todo cuando intervienen varias personas en la atención.

Cada cliente deja un rastro de información útil; el CRM ayuda a centralizar todo eso. Se registran:

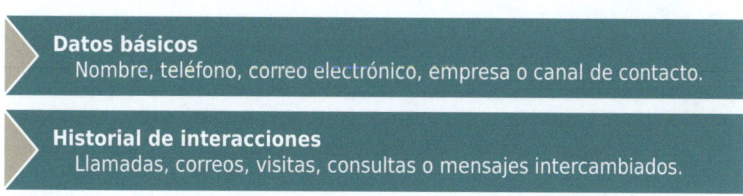

Continúa en página siguiente >>

<< Viene de página anterior

Incidencias
Problemas comunicados por la clientela, estado de resolución
y seguimiento.

Compras o servicios contratados
Información sobre operaciones anteriores o productos adquiridos.

Tareas pendientes
Avisos, recordatorios o acciones que deben realizarse más adelante.

Observaciones útiles
Información relevante para personalizar la atención o comprender
mejor la relación con esa persona.

 ## PARA SABER MÁS

HubSpot es una plataforma que incluye un CRM como base para gestionar la relación con la clientela. Permite guardar datos de contactos, registrar interacciones, hacer seguimiento comercial, organizar tareas, gestionar oportunidades y coordinar acciones de atención, ventas y *marketing*.

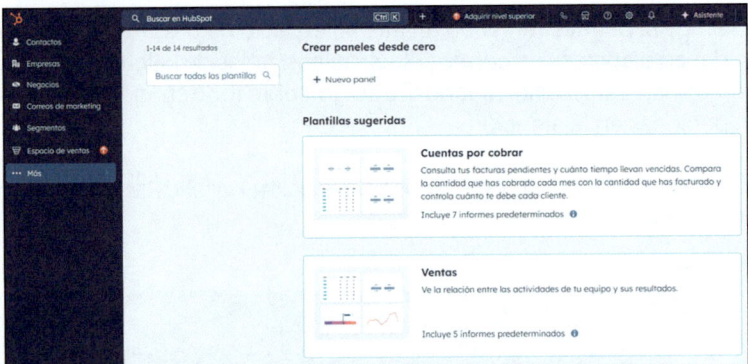

HubSpot es un CRM que dispone de una versión gratuita, por lo que puede probarse con funciones básicas antes de valorar opciones de pago.

Una forma sencilla de conocer cómo funciona un CRM es utilizar la versión gratuita de *HubSpot,* que permite probar herramientas básicas y entender

Continúa en página siguiente >>

<< Viene de página anterior

cómo se registran contactos, interacciones y tareas de seguimiento. Accede a la plataforma desde aquí:

https://redirectoronline.com/comt00680103

Conviene entender que un CRM no sirve solo para vender. Aunque muchas veces se relaciona con departamentos comerciales, también es muy útil en atención al cliente, soporte técnico, administración, reservas, seguimiento de solicitudes o gestión de reclamaciones.

EJEMPLO

Por ejemplo, en una academia puede utilizarse para registrar llamadas de familias, solicitudes de información, matrículas, incidencias y seguimiento de alumnado. En una clínica, puede ayudar a organizar citas, comunicaciones previas, dudas frecuentes o revisiones posteriores. En una tienda *online*, puede servir para controlar pedidos, reclamaciones, devoluciones y contactos repetidos.

Para que un CRM funcione bien, hace falta lo siguiente:

Actualizar la información
Un sistema desactualizado deja de ser útil muy deprisa.

Registrar con criterio
No se trata de anotar todo sin orden, sino de recoger información relevante y clara.

Continúa en página siguiente >>

<< Viene de página anterior

Usarlo de forma constante
Si parte del equipo la utiliza y otra parte no, la herramienta pierde valor.

Respetar la protección de datos
La información de clientela debe tratarse con cuidado, acceso limitado y cumplimiento normativo.

Formar al personal
No basta con tener la herramienta. Hay que saber utilizarla correctamente.

También hay límites. Un CRM puede hacer que el trabajo sea más eficiente, pero no sustituye la capacidad de escucha, el criterio profesional ni el trato adecuado. Además, si se abusa de la automatización o se introducen demasiados datos irrelevantes, el sistema se vuelve pesado y poco práctico.

3.2. *Call centers* y servicios de apoyo

Un *call center* es un centro o servicio desde el que se atienden llamadas de la clientela de forma organizada. Por su parte, un servicio de apoyo es un recurso complementario que ayuda a que la atención a la clientela funcione mejor.

NOTA

El *call center* suele centrarse sobre todo en la gestión de llamadas y contactos, mientras que el servicio de apoyo engloba otras ayudas o recursos que respaldan esa atención.

Los *call centers* y los servicios de apoyo forman parte de los recursos más utilizados cuando la atención a la clientela se realiza a través de llamadas telefónicas, consultas centralizadas o asistencia remota.

Un *call center* puede encargarse de **tareas** muy distintas:

- **Recepción de llamadas.** Atender consultas de clientela, personas usuarias o posibles compradoras.
- **Emisión de llamadas.** Realizar seguimientos, confirmaciones, recordatorios o campañas informativas.
- **Gestión de incidencias.** Registrar problemas, abrir casos y comunicar soluciones o plazos.
- **Derivación de consultas.** Pasar determinados casos a departamentos especializados.
- **Apoyo administrativo.** Confirmar datos, gestionar citas, actualizar información o realizar comprobaciones.
- **Soporte posventa.** Acompañar al cliente después de la compra o contratación.

A veces estos centros son internos, es decir, forman parte de la propia organización. En otros casos se externalizan y los gestiona una empresa especializada. Esta diferencia influye mucho en la calidad final, porque no siempre quien atiende externamente conoce el servicio con la misma profundidad que quien trabaja dentro de la empresa.

Una de las principales ventajas de los *call centers* es la capacidad de atender muchas interacciones en poco tiempo. Esto resulta útil en sectores con gran volumen de llamadas, como telecomunicaciones, seguros, transporte, sanidad privada, administración de servicios, comercio electrónico o asistencia técnica.

Sin embargo, también presentan riesgos o debilidades si el servicio no está bien diseñado:

Exceso de guionización
Cuando todo se responde de forma demasiado cerrada, la atención suena mecánica.

Falta de personalización
La clientela puede sentir que nadie comprende realmente su caso.

Esperas largas
Los tiempos de espera generan frustración, sobre todo si no hay información clara.

Derivaciones repetidas
Pasar de un agente a otro sin resolver el problema empeora mucho la experiencia.

Continúa en página siguiente >>

<< Viene de página anterior

Desconocimiento del servicio
Si el personal no está bien formado, puede ofrecer
respuestas vagas o incorrectas.

Sensación de distancia
La atención telefónica puede resultar fría si no se cuida
el tono y la escucha.

En este punto, los servicios de apoyo cobran especial importancia. Bajo esta idea pueden incluirse otros recursos complementarios, como asistencia técnica de segundo nivel, soporte por mensajería, equipos de seguimiento, personal de devolución de llamadas, ayuda administrativa o atención especializada para determinados perfiles de clientela.

3.3. Otras herramientas tecnológicas de apoyo

Además de los CRM y de los *call centers,* existen muchas otras herramientas tecnológicas que apoyan la atención a la clientela. Algunas se utilizan para comunicarse, otras para organizar información, otras para automatizar tareas sencillas y otras para medir la calidad del servicio.

NOTA

Su utilidad depende del tipo de empresa, del volumen de clientes y del canal principal de atención.

No todas las organizaciones necesitan las mismas herramientas, pero casi todas requieren algún sistema que facilite la comunicación y el seguimiento. Las más comunes son:

- **Herramientas de comunicación digital.** Estas herramientas acercan el servicio a la clientela, pero también plantean exigencias nuevas. Cuantos más canales se abren, más necesario es coordinarlos bien para no dejar mensajes sin responder o dar información distinta según el medio utilizado.

- **Correo electrónico profesional.** Sigue siendo uno de los canales más utilizados para enviar información, responder consultas y dejar constancia escrita de gestiones. Su valor está en la claridad, en la posibilidad de adjuntar documentación y en el registro de la conversación.
- **Mensajería instantánea.** Aplicaciones como *WhatsApp Business* o sistemas similares permiten una comunicación más rápida y cercana. Son muy útiles para recordatorios, respuestas breves o seguimiento ágil, aunque exigen organización para no generar desorden.
- **Chat en web.** Permite atender dudas mientras la persona navega por la página. Puede ayudar a resolver preguntas rápidas, orientar compras o facilitar el acceso a información concreta.
- **Videollamada.** En algunos sectores resulta útil para atención personalizada, demostraciones, tutorías, asesoramiento o resolución de incidencias que requieren interacción más directa.

⮑ **Herramientas de automatización y autoservicio.** Estas soluciones pueden ahorrar tiempo y reducir carga de trabajo, aunque no sirven para todo. Funcionan bien en cuestiones simples, repetitivas y estandarizables. Cuando el caso es complejo, delicado o requiere valoración, la atención humana sigue siendo imprescindible.

- *Chatbots.* Son asistentes automáticos que responden a preguntas frecuentes o guían en tareas simples. Resultan útiles para consultas repetidas y para atención inicial fuera de horario, pero deben estar bien diseñados para no frustrar a la persona usuaria.
- **Respuestas automáticas.** Sirven para confirmar recepción de mensajes, indicar plazos de respuesta o dar información básica inmediata.
- **Preguntas frecuentes (FAQ).** Reúnen respuestas a dudas comunes y permiten que la clientela encuentre información sin necesidad de contactar directamente.
- **Portales de autoservicio.** Permiten consultar pedidos, modificar datos, descargar facturas o revisar incidencias sin intervención directa del personal.

⮑ **Herramientas de organización y seguimiento.** Estas herramientas aportan orden. Su gran ventaja es que permiten saber quién está gestionando cada asunto, qué se ha hecho y qué queda pendiente. En entornos con mucho volumen de trabajo, esto resulta esencial.

- **Sistemas de *ticketing.*** Permiten abrir, clasificar y seguir incidencias o solicitudes. Cada caso queda registrado con un número, un estado y una trazabilidad clara.
- **Agendas y gestores de citas.** Se utilizan para organizar reservas, visitas, tutorías, consultas o servicios programados.

- ○ **Bases de conocimiento.** Recogen procedimientos, respuestas internas y documentación útil para que el personal atienda con más seguridad.
- ○ **Paneles de tareas.** Ayudan a repartir trabajo, hacer seguimiento y evitar olvidos dentro del equipo.

- ➲ **Herramientas de análisis y evaluación.** Estas herramientas son importantes porque permiten pasar de la impresión subjetiva al dato concreto. A veces una empresa cree que atiende bien, pero las encuestas o los tiempos de respuesta muestran otra realidad. Medir ayuda a mejorar con más precisión.

  - ○ **Encuestas de satisfacción *online.*** Permiten recoger opiniones después de una compra, una consulta o una incidencia resuelta.
  - ○ **Análisis de tiempos de respuesta.** Ayudan a comprobar cuánto tarda cada canal en atender o resolver.
  - ○ **Valoraciones y reseñas.** Ofrecen información útil sobre la percepción externa del servicio.
  - ○ **Cuadros de indicadores.** Reúnen datos sobre reclamaciones, volumen de contactos, resolución o nivel de satisfacción.

Un error frecuente consiste en incorporar muchas herramientas sin una estrategia clara. Eso puede provocar duplicidad de tareas, mensajes dispersos, aprendizaje innecesario y saturación del equipo.

 IMPORTANTE

La tecnología debe simplificar, no multiplicar problemas.

 TAREA 1

Julieta revisa el CRM de la empresa y detecta que un cliente llamó ayer para preguntar por el estado de una devolución. Hoy ha vuelto a escribir por correo porque todavía no ha recibido respuesta y en el sistema aparece la incidencia abierta, pero sin seguimiento registrado.

Continúa en página siguiente >>

<< Viene de página anterior

Indica qué herramienta tecnológica de apoyo debería utilizarse en este caso y explica brevemente qué información convendría revisar o registrar para atender correctamente al cliente.

 ## ACTIVIDAD COMPLEMENTARIA

1. Explora la versión gratuita de *HubSpot* CRM.

   Entra en la versión gratuita y elige una de las plantillas.

   · ¿Qué te parece más útil para atención a la clientela? ¿Por qué?
   · ¿Qué límite le ves a estas plantillas si los datos no están bien actualizados?

---

4. Aplicación de técnicas de atención a la clientela a través de canales digitales

 ### HILO CONDUCTOR

A media mañana, Aitor responde un correo con información detallada sobre un servicio, mientras Julieta atiende una consulta breve a través del chat de la empresa y revisa un espacio en línea donde varias personas usuarias han planteado dudas similares. Cada canal les obliga a comunicarse de una manera distinta.

La atención a la clientela a través de canales digitales se ha convertido en una parte habitual del servicio en muchos sectores. Es frecuente responder correos, gestionar chats, participar en comunidades en línea o resolver dudas a través de distintos entornos digitales.

NOTA

Aplicar técnicas de atención en estos medios implica saber adaptar la comunicación.

Hay una idea que conviene tener presente desde el principio: en la atención digital, la claridad pesa mucho. Cuando no existe contacto cara a cara, el mensaje escrito adquiere más importancia. La persona que lo recibe interpreta el tono, la intención y la calidad del servicio a partir de las palabras utilizadas, del orden de la información y del tiempo de respuesta.

Algunos **aspectos** básicos que deben cuidarse en la **atención digital** son:

- **Claridad:** el mensaje debe entenderse bien a la primera. Cuanto más simple y directo sea, mejor funcionará.
- **Corrección:** la ortografía, la puntuación y la forma de expresarse influyen en la imagen profesional.
- **Rapidez:** responder en un plazo razonable mejora la confianza y evita sensación de abandono.
- **Cortesía:** el trato debe seguir siendo respetuoso, cercano y profesional, aunque sea por escrito.
- **Precisión:** conviene responder exactamente a lo que se pregunta, sin divagar ni dejar huecos importantes.
- **Adaptación al canal:** cada medio requiere una forma de comunicación distinta. No todos admiten la misma extensión ni el mismo nivel de formalidad.
- **Seguimiento:** si una consulta no puede resolverse en el momento, debe indicarse qué se hará después y cuándo.

Además, la atención digital obliga a ser muy cuidadoso con la gestión de la información. En muchos casos se comparten datos personales, documentos o detalles de una incidencia.

IMPORTANTE

Deben respetarse la confidencialidad, la protección de datos y el uso responsable de los canales disponibles.

4.1. Atención a la clientela mediante correo electrónico

El correo electrónico sigue siendo uno de los canales más utilizados para la atención a la clientela. Su uso es muy frecuente porque permite responder con cierta extensión, adjuntar documentos, dejar constancia escrita de la información y comunicar cuestiones que requieren más detalle que un mensaje breve.

Es un canal especialmente útil cuando hay que explicar procedimientos, enviar confirmaciones, responder reclamaciones, aportar instrucciones, facilitar presupuestos o dejar registro de una gestión realizada. También ofrece una ventaja importante: tanto la empresa como la clientela pueden revisar lo comunicado más adelante.

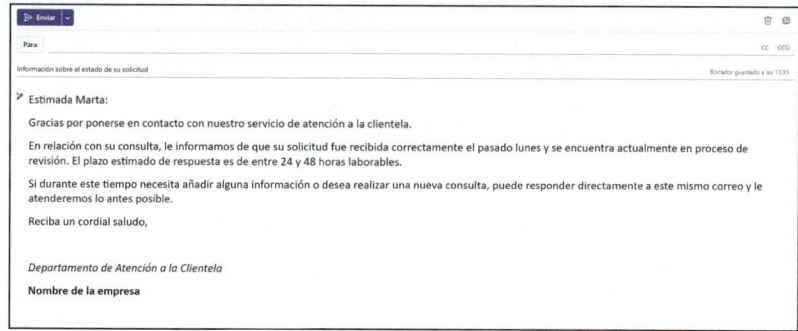

El correo electrónico final debe presentar una estructura clara, un tono profesional y una respuesta concreta a la consulta de la clientela.

Ahora bien, el hecho de que el correo permita escribir más no significa que deba redactarse de cualquier forma. Un correo mal estructurado, demasiado largo o ambiguo puede generar más dudas de las que resuelve.

Algunas técnicas básicas para atender bien por correo electrónico son:

- **Asunto claro.** El asunto debe indicar de qué trata el mensaje. Esto ayuda a identificar la consulta y facilita el seguimiento posterior.
- **Saludo adecuado.** Conviene iniciar el mensaje con una fórmula correcta y profesional. Esto marca el tono desde el principio.
- **Respuesta concreta.** Hay que centrarse en lo que la persona pregunta o necesita. Si plantea varias cuestiones, es recomendable responderlas en orden.
- **Estructura ordenada.** La información debe organizarse de forma lógica. Primero, el motivo del mensaje; después, la explicación y, finalmente, las indicaciones o cierre.

- **Lenguaje comprensible.** Es mejor evitar tecnicismos innecesarios, frases enrevesadas o expresiones demasiado impersonales.
- **Tono profesional.** El mensaje debe transmitir respeto, interés y seriedad. Un tono seco o excesivamente automático puede empeorar la experiencia.
- **Cierre útil.** Es importante indicar si se necesita alguna acción adicional, si se hará un seguimiento o cómo puede continuar la comunicación.

 ## SABÍAS QUE...

En Outlook, Microsoft Copilot puede ayudar a revisar y mejorar la redacción de un correo antes de enviarlo. Esta herramienta permite sugerir cambios en el texto, hacerlo más corto o más largo, modificar el tono y proponer nuevas versiones del mensaje.

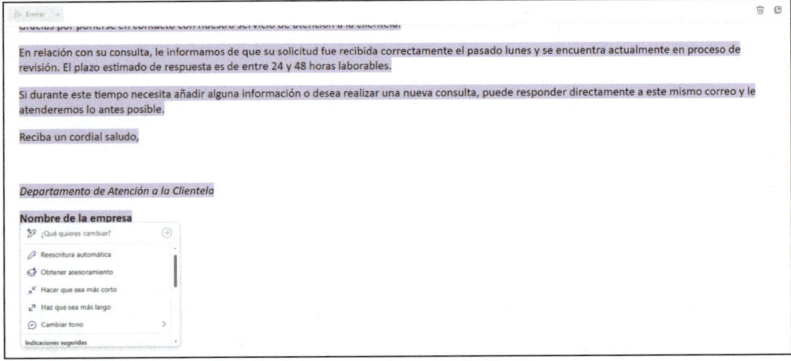

Microsoft Copilot puede proponer mejoras de redacción en un correo antes de su envío.

También es importante saber cuándo el correo deja de ser el canal más adecuado. Hay situaciones que requieren una llamada, una videollamada o una atención más inmediata. Por ejemplo, cuando el intercambio de mensajes se alarga demasiado, cuando la incidencia es compleja o cuando existe riesgo de malentendidos.

4.2. Uso del chat como herramienta de atención

El chat se ha convertido en un canal muy habitual en la atención a la clientela. Puede aparecer en una página web, en una aplicación, en una plataforma de mensajería o dentro de un entorno privado de usuario. Su principal ventaja es la inmediatez. Permite responder con rapidez y mantener una conversación más fluida que la del correo electrónico.

Este canal es especialmente útil para resolver dudas breves, orientar a una persona durante un proceso de compra o registro, confirmar información sencilla o dar apoyo inicial ante una incidencia. También ayuda a reducir tiempos de espera cuando se gestiona de manera eficaz.

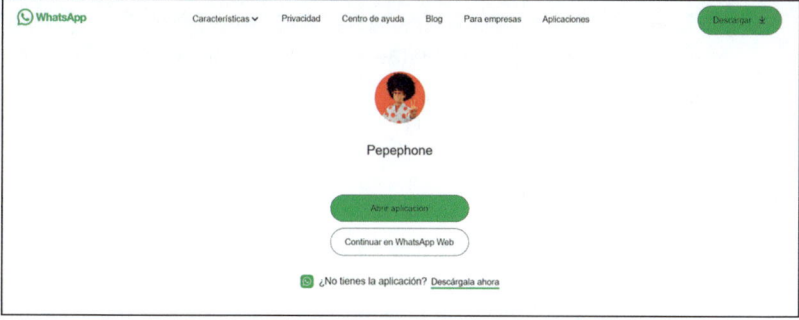

WhatsApp Business permite abrir un canal de comunicación directa y rápida con la clientela a través de la aplicación o de WhatsApp Web.

Sin embargo, precisamente por ser un canal rápido, el chat exige mucha precisión. En este entorno no funciona bien la explicación larga, poco enfocada o llena de rodeos. La persona usuaria suele esperar respuestas ágiles, claras y fáciles de aplicar.

Algunas **técnicas clave** para atender bien por chat son:

- **Rapidez de respuesta.** La expectativa de inmediatez es alta. Si la respuesta tarda demasiado, el canal pierde valor.
- **Mensajes breves pero completos.** Conviene responder de forma concisa, aunque sin dejar fuera la información importante.
- **Tono cercano y profesional.** El chat permite una comunicación algo más ligera, pero no debe perderse la corrección.
- **Lectura atenta del mensaje.** Hay que entender bien la duda antes de contestar. Responder deprisa no debe significar responder sin comprender.
- **Orientación paso a paso.** Cuando la consulta implica hacer algo, suele ser útil explicar el proceso en partes cortas y ordenadas.

- **Confirmación de comprensión.** En algunos casos conviene comprobar si la persona ha entendido la indicación o si necesita ayuda adicional.
- **Derivación adecuada.** Si el caso requiere revisión más profunda, debe derivarse al canal o departamento correcto sin hacer perder tiempo.

También hay que considerar que algunos chats están atendidos por personas y otros combinan intervención humana con respuestas automáticas o *chatbots*. En estos casos debe cuidarse mucho la transición entre una respuesta automática y la atención real.

IMPORTANTE

Si la persona siente que da vueltas sin llegar a una solución, la herramienta pierde utilidad.

- -

4.3. Foros y comunidades en línea como herramientas de asistencia

Los foros y las comunidades en línea son espacios donde la clientela, las personas usuarias o incluso el propio equipo de una empresa pueden intercambiar información, resolver dudas y compartir experiencias. Aunque no sustituyen a otros canales de atención directa, sí pueden convertirse en una herramienta muy valiosa de asistencia y apoyo.

En estos espacios, la asistencia no siempre procede solo de la empresa. A veces también intervienen otras personas usuarias que ya han pasado por una situación parecida y pueden orientar. Esto genera un tipo de ayuda diferente, más colaborativa y abierta.

Los foros y las comunidades en línea pueden aportar varias **ventajas:**

> **Resolución de dudas frecuentes**
> Muchas preguntas ya han sido planteadas antes y pueden resolverse consultando respuestas previas.

> **Aprendizaje compartido**
> La experiencia de otros usuarios puede resultar muy útil para quien empieza o tiene una incidencia concreta.

Continúa en página siguiente >>

<< Viene de página anterior

Apoyo entre personas usuarias
La comunidad puede convertirse en una red de ayuda mutua.

Visibilidad de problemas comunes
Permiten detectar fallos repetidos, necesidades nuevas o puntos débiles del servicio.

Generación de conocimiento útil
Las respuestas van formando una base de información accesible para otras personas.

Sentimiento de pertenencia
En algunos casos, participar en una comunidad refuerza la relación con la marca o el servicio.

Una diferencia importante respecto a otros canales es que aquí la respuesta suele tener visibilidad pública o semipública. Esto implica una responsabilidad mayor en la forma de contestar. Lo que se publica puede ayudar a muchas personas, pero también puede proyectar una imagen negativa si la respuesta es incorrecta, brusca o poco profesional.

También hay limitaciones. No todo debe resolverse en un foro o comunidad. Las cuestiones que implican datos personales, reclamaciones formales, situaciones delicadas o revisión de cuentas concretas deben trasladarse a canales más privados y seguros.

APLICACIÓN PRÁCTICA

A media mañana, Aitor responde un correo con varias dudas sobre un servicio, Julieta atiende un chat donde una persona necesita una indicación rápida para completar un trámite, y además revisan una comunidad en línea en la que varias personas han planteado la misma consulta. ¿Qué actuación de las siguientes refleja mejor una atención digital correcta, adaptada al canal y útil para la clientela?

- **Contestar igual en los tres canales: mensaje largo, muy formal y con toda la información posible, para que no falte nada aunque cueste leerlo.**

Continúa en página siguiente >>

<< Viene de página anterior

- **Responder muy rápido en todos los casos, aunque el mensaje quede incompleto, sin revisar bien la ortografía ni indicar qué hacer después si la duda no se resuelve al momento.**
- **Adaptar la respuesta al canal: en correo, mensaje ordenado y preciso; en chat, respuesta breve, clara y directa; y en comunidad, explicación útil y general que pueda servir también a otras personas, derivando a un canal privado si hay datos personales o casos concretos.**
- **Usar en todos los casos respuestas automáticas o plantillas cerradas, aunque no encajen exactamente con la duda planteada, para ahorrar tiempo y mantener el mismo tono.**

Solución

Lo más coherente para atender bien por canales digitales es adaptar la comunicación al medio, ya que no se responde igual en un correo, en un chat o en una comunidad abierta. El correo necesita más orden y precisión, el chat exige agilidad y claridad, y la comunidad requiere respuestas útiles para varias personas, cuidando especialmente no exponer datos personales ni casos sensibles en público.

5. Resumen

La atención a la clientela influye de forma directa en la imagen de una empresa y en la experiencia que viven las personas usuarias desde el primer contacto. Atender bien implica escuchar, informar con claridad, responder con educación y dar continuidad a cada caso.

Entre los principios más importantes de una atención profesional se encuentran:

Además, orientar el servicio hacia la clientela significa tener en cuenta sus necesidades, facilitar los procesos, mantener la coherencia entre canales y responder con sentido común ante dudas, errores o reclamaciones.

Existen distintas herramientas tecnológicas que apoyan la atención a la clientela:

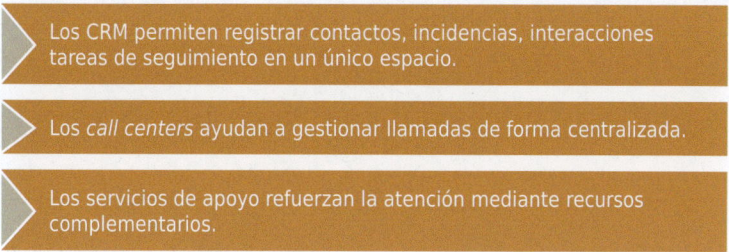

Los CRM permiten registrar contactos, incidencias, interacciones tareas de seguimiento en un único espacio.

Los *call centers* ayudan a gestionar llamadas de forma centralizada.

Los servicios de apoyo refuerzan la atención mediante recursos complementarios.

También resultan útiles otras herramientas, como el correo electrónico profesional, la mensajería, el chat en web, la videollamada, los *chatbots,* las preguntas frecuentes, los portales de autoservicio, los sistemas de *ticketing,* las agendas, las bases de conocimiento y los cuadros de indicadores.

En los canales digitales es fundamental adaptar la comunicación al medio utilizado:

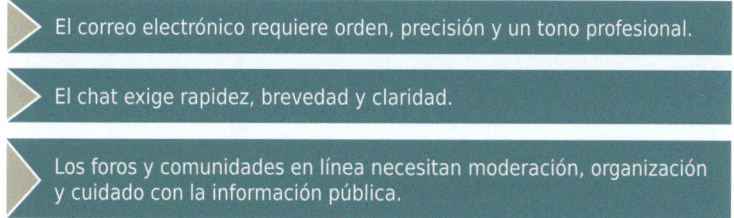

El correo electrónico requiere orden, precisión y un tono profesional.

El chat exige rapidez, brevedad y claridad.

Los foros y comunidades en línea necesitan moderación, organización y cuidado con la información pública.

Una atención de calidad depende, en definitiva, de la combinación entre habilidades personales, buena organización, control de procesos, uso adecuado de herramientas tecnológicas y capacidad para comunicarse de forma correcta en cada situación.

Ejercicios de autoevaluación
Unidad de Aprendizaje 1

1. ¿Qué aspecto influye directamente en la percepción que la clientela tiene de un servicio?

    a. Solo el precio del producto.
    b. La forma en que se atiende, se informa y se responde a las necesidades de la clientela.
    c. El tamaño de la empresa.
    d. El número de trabajadores.

2. ¿Qué caracteriza a una atención profesional a la clientela?

    a. Hablar mucho para explicar bien el servicio.
    b. Responder siempre con frases preparadas.
    c. Escuchar, ofrecer información clara y mantener un trato respetuoso.
    d. Atender solo cuando la persona insiste.

3. Indica si cada afirmación es verdadera o falsa.

    a. La claridad en la información ayuda a que la clientela entienda mejor el servicio.

        ■ Verdadero
        ■ Falso

    b. La rapidez es importante, pero no debe provocar errores o información incompleta.

        ■ Verdadero
        ■ Falso

    c. La amabilidad consiste únicamente en utilizar expresiones muy formales.

        ■ Verdadero
        ■ Falso

4. ¿Qué significa aplicar la escucha activa en la atención a la clientela?

    a. Prestar atención a lo que la persona explica antes de responder.

    b. Hablar con rapidez para resolver antes la consulta.

    c. Repetir siempre la misma información.

    d. Interrumpir para aclarar el problema.

5. ¿Qué refleja una verdadera orientación a la clientela?

    a. Limitar el contacto con el cliente para ahorrar tiempo.

    b. Organizar el servicio pensando en facilitar la experiencia de la persona usuaria.

    c. Evitar responder reclamaciones.

    d. Atender solo cuando la consulta es sencilla.

6. Indica si cada afirmación es verdadera o falsa

    a. Facilitar el contacto con la empresa mejora la experiencia de la clientela.

- Verdadero
- Falso

    b. Si la información cambia según el canal (teléfono, correo o mostrador), la confianza disminuye.

- Verdadero
- Falso

    c. La orientación a la clientela depende únicamente de quien atiende directamente al público.

- Verdadero
- Falso

7. ¿Para qué sirven los sistemas de control de procesos en la atención a la clientela?

    a. Para revisar cómo se atiende, detectar errores y mejorar la calidad del servicio.

    b. Para sustituir el trabajo del personal.

c. Para reducir el número de clientes.

d. Para eliminar las reclamaciones.

8. ¿Qué función cumple un CRM en la atención a la clientela?

a. Enviar publicidad automáticamente.

b. Controlar el horario del personal.

c. Sustituir la comunicación con la clientela.

d. Registrar información de clientes, consultas, incidencias y seguimientos.

9. ¿Qué ventaja ofrecen los *call centers* en la atención a la clientela?

a. Evitan cualquier tipo de incidencia.

b. Permiten gestionar un gran número de llamadas y consultas de forma organizada.

c. Eliminan la necesidad de otros canales de atención.

d. Sustituyen completamente la atención presencial.

10. Indica si cada afirmación es verdadera o falsa

a. En la atención digital, la claridad del mensaje escrito es especialmente importante.

■ Verdadero
■ Falso

b. En el chat conviene utilizar mensajes breves y directos.

■ Verdadero
■ Falso

c. En foros o comunidades en línea pueden compartirse datos personales sin problema.

■ Verdadero
■ Falso

Tecnologías aplicadas a la venta

Contenido

Objetivos

El objetivo general de esta Unidad de Aprendizaje es:

→ Aplicar nuevas tecnologías en el proceso de venta y utilizar herramientas de venta en línea para mejorar la eficiencia y efectividad de las estrategias comerciales.

Los objetivos específicos de esta Unidad de Aprendizaje son:

→ Identificar nuevas tecnologías aplicadas a la venta y su efecto en el proceso comercial.

→ Adaptar el uso de tecnología a la organización según recursos, objetivos y tipo de clientela.

→ Describir herramientas de venta *online* y sus usos principales.

→ Formular estrategias de venta digital mediante *remarketing, webinars* y acciones en redes sociales.

1. Introducción

La forma de vender ha cambiado profundamente en los últimos años. Hoy en día, muchas decisiones de compra se toman antes incluso de que una persona entre en una tienda o hable con un vendedor. Las personas buscan información en internet, comparan opiniones, consultan redes sociales, ven vídeos explicativos o revisan reseñas de otros clientes.

Por este motivo, las empresas han incorporado nuevas tecnologías aplicadas a la venta, que permiten comunicarse con los clientes de manera más directa, rápida y personalizada. Las herramientas digitales no solo facilitan la venta de productos o servicios, sino que también ayudan a comprender mejor las necesidades de las personas consumidoras, mejorar la experiencia de compra y generar relaciones de confianza a largo plazo.

Para comprender mejor cómo se aplican estas herramientas en el trabajo diario, seguiremos el caso de Julieta y Aitor, dos profesionales que trabajan en el área de atención al cliente de una empresa de servicios y que participan en el proceso de digitalización del departamento comercial.

2. Identificación de nuevas tecnologías en la venta

👉 HILO CONDUCTOR

Julieta comienza a revisar varias páginas web y tiendas *online*, observa que muchas marcas ofrecen recomendaciones automáticas de productos, probadores virtuales o sistemas de pago rápidos desde el móvil. Aitor, por su parte, investiga nuevas herramientas digitales que permiten personalizar ofertas y automatizar procesos de venta. Ambos se dan cuenta de que la tecnología se ha convertido en un elemento clave para atraer clientes y diferenciarse en el mercado.

La aceleración de los ciclos tecnológicos ha modificado de forma irreversible la naturaleza de la actividad comercial.

NOTA

La integración de herramientas avanzadas en la gestión de ventas no responde a una simple tendencia estética o de modernización superficial, sino a un imperativo de supervivencia en mercados globales donde la eficiencia operativa y la personalización de la experiencia del cliente son los principales diferenciadores competitivos.

El comercio minorista *(retail)* está viviendo una transformación radical. Ya no se trata solo de vender un producto, sino de integrar la tecnología para que la compra sea más rápida, personalizada y, en muchos casos, casi invisible. En este sentido, hay varias tecnologías que están marcando la pauta actualmente:

- **Inteligencia artificial (IA) y personalización extrema.** La IA dejó de ser una herramienta de análisis de datos para convertirse en el "vendedor estrella". Se trata del uso de algoritmos capaces de analizar el comportamiento de los clientes y adaptar automáticamente recomendaciones, ofertas o servicios.

  - **Hiperpersonalización.** Los algoritmos predicen qué quieres antes de que tú lo sepas, ajustando precios y ofertas en tiempo real.
  - **Agentes de compra GenAI.** *Chatbots* con lenguaje natural que te ayudan a elegir el regalo perfecto basándose en el perfil de redes sociales del destinatario.

- **Realidad aumentada (AR) y comercio *phygital*.** El comercio *phygital* consiste en un modelo de venta que une el entorno físico y el digital dentro del proceso de compra. Permite combinar la experiencia de la tienda tradicional con herramientas digitales interactivas.

  - **Probadores virtuales.** Gracias a la AR, puedes "probarte" ropa, maquillaje o ver cómo queda un sofá en tu salón usando la cámara del móvil o espejos inteligentes en tienda.
  - ***Visual Search*.** Poder fotografiar unas zapatillas que ves por la calle y que una app te diga dónde comprarlas al instante.

- **Automatización y tiendas *Just Walk Out*.** El fin de las colas es una realidad gracias a la visión artificial. Estas tecnologías permiten que el proceso de compra se realice de forma automática sin necesidad de pasar por caja.

○ **Sistemas de sensores.** Al estilo Amazon Go, entras, coges lo que necesitas y te vas. Los sensores detectan qué llevas y lo cargan automáticamente a tu cuenta.

○ **Robótica en almacén y entrega.** Robots que gestionan el inventario en minutos y drones o vehículos autónomos para la "última milla" de entrega.

⊃ **El auge del *social commerce.*** Las redes sociales ya no son escaparates, son la tienda misma. Las plataformas sociales permiten descubrir, promocionar y comprar productos sin salir de la propia aplicación.

○ **Live Shopping.** Transmisiones en vivo donde *influencers* muestran productos y los usuarios compran con un clic sin salir del vídeo.

○ **Checkout nativo.** Comprar directamente desde un *post* de *Instagram* o *TikTok,* reduciendo la fricción al mínimo.

⊃ **Pagos biométricos y *blockchain.*** La seguridad y la rapidez en el pago han evolucionado. Nuevas tecnologías permiten pagar de forma más rápida y asegurar la transparencia en la cadena de suministro.

○ **Biometría.** Pagar con el reconocimiento facial o la palma de la mano (ya común en grandes superficies).

○ **Trazabilidad con *blockchain.*** Permite al cliente escanear un código QR y ver toda la ruta de su producto, desde la granja o fábrica hasta la tienda, asegurando sostenibilidad y ética.

2.1. Adaptación tecnológica en las organizaciones

El concepto de *mindset* digital se erige como el cimiento sobre el cual se construye cualquier iniciativa de venta tecnológica. Este se define como una actitud o mentalidad que favorece la adopción y el máximo aprovechamiento de las tecnologías digitales en todas las facetas de la vida corporativa.

NOTA

La transformación digital es un proceso de reconfiguración cultural.

Un profesional que posee este enfoque valora la flexibilidad, muestra apertura hacia el cambio constante y tiene una capacidad intrínseca para aprender y adaptarse rápidamente en entornos de alta incertidumbre.

IMPORTANTE

No se trata de saber utilizar un *software* específico, sino de comprender la lógica de la digitalización para optimizar procesos y generar valor añadido de forma continua.

La integración de la tecnología en la cultura empresarial implica que las herramientas digitales dejen de ser vistas como complementos opcionales para convertirse en el tejido conectivo de la organización. Sin embargo, este camino suele encontrarse con la resistencia al cambio, un fenómeno psicológico y organizacional donde el personal acostumbrado a métodos tradicionales percibe la digitalización como una amenaza a su estatus, autonomía o seguridad laboral.

Para que la mentalidad digital pueda aplicarse de forma real en el trabajo diario, las organizaciones también necesitan infraestructuras tecnológicas adecuadas y sistemas de seguridad que permitan utilizar la información de forma eficiente y segura. En este contexto, destacan tres elementos clave que sustentan la adaptación tecnológica en las empresas: el *cloud computing*, la ciberseguridad y la gestión del cambio organizacional:

➲ **Cloud computing.** Infraestructura tecnológica que permite almacenar datos y utilizar aplicaciones a través de internet.

- ۝ Permite acceder a la información desde cualquier lugar y dispositivo.
- ۝ Facilita consultar historial de clientes, pedidos o niveles de *stock* en tiempo real.
- ۝ Centraliza la información estratégica para tomar decisiones rápidas y fundamentadas.
- ۝ Ofrece flexibilidad y escalabilidad, permitiendo ampliar la capacidad tecnológica sin invertir en *hardware* propio.

➲ **Ciberseguridad.** Conjunto de medidas y tecnologías destinadas a proteger datos, sistemas y redes frente a ataques digitales.

- ۝ Protege datos personales y financieros de los clientes.

ⵁ Evita filtraciones de información y daños reputacionales para la empresa.
ⵁ Incluye medidas como cifrado de datos, autenticación multifactor (MFA) y protocolos de seguridad en pagos.
ⵁ Permite cumplir con normativas de protección de datos como GDPR o PCI DSS.

⊃ **Gestión del cambio.** Proceso organizativo que facilita la adaptación de personas y equipos a nuevas tecnologías o formas de trabajo.

ⵁ Ayuda a integrar herramientas digitales en los procesos comerciales.
ⵁ Reduce la resistencia al cambio dentro de la empresa.
ⵁ Favorece la formación del personal y la adaptación al entorno digital de ventas.

2.2. Blogs y redes sociales como herramienta de venta

La evolución del *marketing* digital ha desplazado las tácticas de interrupción agresiva hacia modelos de atracción basados en la relevancia. El *inbound marketing* es la filosofía que sustenta este cambio, enfocándose en atraer clientes potenciales mediante la creación de contenido valioso y experiencias personalizadas.

IMPORTANTE

En este ecosistema, los blogs y las redes sociales no son simples canales de difusión, sino herramientas de conversión sofisticadas.

Un blog corporativo estratégico actúa como un centro de autoridad. Algunos **elementos** importantes son:

SEO *(Search Engine Optimization)*
Permite que la empresa aparezca en los primeros resultados de búsqueda cuando un usuario busca información o soluciones.

Continúa en página siguiente >>

<< *Viene de página anterior*

Contenido de valor
Publicación de tutoriales, guías prácticas y análisis de tendencias relacionadas con el sector.

Generación de confianza
La empresa pasa de ser solo un vendedor a convertirse en una fuente experta y fiable.

Educación del cliente
El contenido resuelve dudas y objeciones antes del contacto comercial.

Impacto en la venta
Mejora la visibilidad *online* y acorta el ciclo de venta.

Por su parte, el *social selling* representa la integración de las redes sociales en el proceso de prospección y venta. Entre los aspectos importantes destacan:

- **Construcción de relaciones.** No se basa en saturar con anuncios, sino en generar confianza y diálogo con los usuarios.
- **Uso en entorno B2B.** *LinkedIn* permite identificar responsables de decisión, participar en conversaciones y ofrecer soluciones en el momento adecuado.
- **Uso en entorno B2C.** Redes sociales como *Instagram* o *TikTok* permiten conectar con el público mediante contenido visual y cercano.
- **Creación de comunidad.** La venta surge como consecuencia de la confianza y la relación con la marca.
- **Claves del *social selling* actual.** Autenticidad, escucha activa y personalización basada en datos sin resultar invasiva.

Para entender cómo funcionan las redes sociales como herramientas de venta en la actualidad, debemos dividirlas según su rol en el proceso de decisión.

Cada plataforma tiene un "lenguaje" y una estrategia técnica diferente para cerrar ventas:

- ***LinkedIn.*** En ***LinkedIn*** no se vende un producto, se vende confianza y soluciones. La estrategia se basa en el *Social Selling Index* (SSI).

  - **Funcionamiento:** se centra en identificar empresas específicas.
  - **Estrategia clave:**

⇕ **Carruseles de valor:** publicar datos, guías o análisis de mercado que demuestren que sabes de lo que hablas.

⇕ **InMail personalizado:** no uses mensajes genéricos. La clave es mencionar un problema específico que viste en el perfil del cliente.

⇕ **Eventos en vivo:** los *LinkedIn Live* sirven para educar a los *leads* (clientes potenciales) antes de pedirles una reunión.

➲ *Instagram. Instagram* es el "escaparate" moderno. Su fuerte es la aspiración y la inmediatez.

◑ **Funcionamiento:** utiliza el descubrimiento visual para generar deseo.
◑ **Estrategia clave:**

⇕ *Reels* **de 5-8 segundos:** vídeos rápidos con ganchos visuales que muestran el beneficio del producto en los primeros 2 segundos.

⇕ *Instagram Shopping:* etiquetas de compra directa en las fotos para que el usuario compre con solo 2 clics.

⇕ *Stories* **interactivas:** uso de encuestas ("¿Cuál prefieres A o B?") para segmentar a los usuarios según sus gustos y luego enviarles una oferta por mensaje directo.

➲ *TikTok.* Aquí impera el concepto de *"shoppertainment"*: el usuario compra porque se divirtió viendo el contenido.

◑ **Funcionamiento:** el algoritmo de *TikTok* no te muestra lo que tus amigos ven, sino lo que a ti te obsesiona.
◑ **Estrategia clave:**

⇕ *TikTok Shop:* integración total donde la compra ocurre dentro de la app.

⇕ **Contenido orgánico "imperfecto":** los vídeos grabados con el móvil, sin mucha edición, venden más porque parecen recomendaciones de amigos, no anuncios.

⇕ *Livestream shopping:* ventas en vivo donde se ofrecen cupones de descuento válidos solo durante la transmisión.

➲ *WhatsApp Business.* Es la herramienta de cierre y fidelización. Es donde la duda se convierte en pago.

◑ **Funcionamiento:** comunicación directa, privada y de alta tasa de apertura.
◑ **Estrategia clave:**

⇕ **Catálogo integrado:** permite que el cliente elija productos directamente en el chat.

↕ **Mensajes de carrito abandonado:** si alguien preguntó por algo y no compró, se envía un recordatorio automático con un botón de pago.

↕ **Estados de *WhatsApp:*** se usan para ofertas relámpago "solo para clientes VIP" que tienen tu número guardado.

2.3. Tendencias actuales en tecnologías de venta y programas europeos, estatales y autonómicos de apoyo al desarrollo tecnológico

En este contexto de transformación digital, algunas tecnologías emergentes están cambiando profundamente la forma en que las empresas analizan la información, interactúan con los clientes y presentan sus productos en el entorno digital.

La vanguardia tecnológica en las ventas está definida por tres grandes **fuerzas:**

Inteligencia artificial generativa
La IA generativa ha trascendido la creación de texto simple para integrarse en sistemas de atención al cliente que ofrecen respuestas personalizadas y resolución de problemas en tiempo real, operando las 24 horas del día con una calidad indistinguible de la humana.

Big data
El *big data*, por su parte, permite el análisis de volúmenes masivos de información para llevar a cabo análisis predictivos. Esto es particularmente valioso en la gestión de *stocks*, donde los modelos estadísticos pueden predecir picos de demanda con meses de antelación, optimizando la cadena de suministro y evitando roturas de inventario.

Realidad aumentada
La realidad aumentada (RA) está eliminando la mayor barrera del comercio electrónico: la imposibilidad de probar el producto físicamente. Aplicaciones en el sector del mueble (IKEA), la moda (Zara) o la belleza (Sephora) permiten que el usuario visualice cómo quedará un sofá en su salón o un maquillaje en su rostro antes de realizar la compra.

🧠 SABÍAS QUE...

IKEA utiliza una aplicación llamada IKEA Kreativ (evolución de la antigua *IKEA Place)*.

Aplicación IKEA Kreativ que permite visualizar muebles en un espacio real mediante tecnología digital.

Utiliza la cámara de tu móvil y sensores para escanear tu habitación en 3D. No solo pega una foto del sofá; el *software* entiende las dimensiones de tu salón. Si el sofá mide 2 metros, en la pantalla ocupará exactamente 2 metros de tu salón real, permitiéndote saber si pasas por el pasillo o si tapa el radiador.

- -

Para facilitar la transición tecnológica, especialmente entre las pequeñas y medianas empresas, los gobiernos y organismos internacionales han desplegado programas de apoyo financiero y técnico de gran envergadura.

En España, el programa Kit Digital es la piedra angular de esta estrategia. Financiado por los fondos Next Generation EU del Plan de Recuperación, Transformación y Resiliencia, este bono digital permite a las empresas contratar soluciones de digitalización a través de agentes digitalizadores autorizados.

Estas ayudas se conceden a través de bonos económicos que varían según el tamaño de la empresa, desde 3.000 € hasta 29.000 €, y permiten financiar herramientas como páginas web, comercio electrónico, gestión empresarial, *marketing* digital, colaboración *online* o ciberseguridad.

 **PARA SABER MÁS**

Puedes ampliar información sobre el Kit Digital accediendo desde aquí:

https://redirectoronline.com/comt00680201

 **VÍDEO**

El siguiente vídeo explica de qué se trata el Kit Digital. Accede desde aquí:

https://redirectoronline.com/comt00680202

El sistema de financiación pública fomenta el desarrollo de proyectos de alto impacto y contribuye a la construcción de un modelo productivo más sostenible, digital e inclusivo.

A través de iniciativas como el Plan de Recuperación, Transformación y Resiliencia (PRTR), junto con programas específicos como NEOTEC y Horizonte Europa, se configura un ecosistema de apoyo que combina financiación nacional y europea:

➲ **Plan de Recuperación, Transformación y Resiliencia (PRTR).** Este plan forma parte de la estrategia europea Next Generation EU, diseñada para impulsar la recuperación económica tras la crisis y modernizar los países de la Unión Europea.

España ha desarrollado este plan con el objetivo de mejorar la productividad y el crecimiento económico, apostando por un modelo más sostenible, digital, inclusivo y equilibrado, tanto a nivel social como territorial, además de reducir desigualdades como la brecha de género.

En 2023, la Comisión Europea y el Consejo (ECOFIN) aprobaron la segunda fase del plan, lo que permitió a España acceder a la totalidad de los fondos asignados.

Posteriormente, en 2025, se introdujo una adenda de simplificación que mantiene todas las ayudas a fondo perdido (unos 80.000 millones de euros), pero reduce el uso de préstamos europeos a unos 22.800 millones. Esta decisión se debe a la mejora de la economía española, que permite financiarse en mejores condiciones sin necesidad de recurrir a tantos créditos.

- **Programa NEOTEC.** Es una ayuda del CDTI destinada a financiar la creación y desarrollo de empresas innovadoras de base tecnológica, dentro del marco europeo Next Generation EU. Su objetivo es impulsar *startups* en fases iniciales cuyo modelo de negocio se base en el desarrollo de tecnología propia derivada de la investigación.

  NEOTEC busca apoyar la puesta en marcha de empresas capaces de transformar conocimiento científico en productos o servicios innovadores. Por ello, no se financian modelos basados únicamente en servicios sin desarrollo tecnológico propio.

  La financiación se concede en forma de subvención: además, puede incluir formación internacional y un anticipo de hasta el 60 % de la ayuda.

  El programa cuenta con unos 20 millones de euros, reservando al menos 5 millones para proyectos liderados por mujeres, reforzando la igualdad en el emprendimiento tecnológico.

  Se financian gastos como personal, equipos, materiales, asesoría, patentes o formación, pero no se incluyen IVA, gastos financieros, infraestructuras, vehículos o viajes.

- **Horizonte Europa.** Es el principal programa de la Unión Europea para financiar la investigación y la innovación, con un presupuesto cercano a 95.500 millones de euros para el periodo 2021-2027. Su finalidad es abordar retos clave a nivel europeo —como el cambio climático, la salud o la digitalización— mediante proyectos colaborativos entre países.

  El programa se organiza en tres grandes pilares: ciencia excelente (investigación avanzada), desafíos globales e industria (aplicación del conocimiento a problemas reales) y Europa innovadora (impulso a empresas y *startups)*, además de un eje transversal para fortalecer el sistema europeo de investigación.

  Pueden participar empresas, universidades, centros tecnológicos y otras entidades de la UE y países asociados. La financiación suele cubrir hasta el 100 % de los costes en investigación y alrededor del 70 % en proyectos de innovación para empresas.

 PARA SABER MÁS

Puedes acceder a estos programas desde aquí:

Plan de Recuperación, Transformación y Resiliencia (PRTR)

https://redirectoronline.com/comt00680206

Programa NEOTEC

https://redirectoronline.com/comt00680203

Horizonte Europa

https://redirectoronline.com/comt00680204

Cada comunidad adapta los fondos europeos y propios a su tejido industrial local. Se gestionan a través de agencias de desarrollo regional (como el IDEPA en Asturias, ACCIÓ en Cataluña o el IVACE en Valencia):

Agendas digitales regionales
Ayudas directas para la implantación de Industria 4.0, conectividad rural y digitalización del comercio local.

Vales de innovación
Pequeñas subvenciones para que las pymes contraten servicios de consultoría tecnológica o centros de investigación locales.

Centros europeos de innovación digital (EDIH)
Ofrecen asesoramiento y bancos de pruebas para que las empresas prueben tecnologías antes de comprarlas.

 APLICACIÓN PRÁCTICA

Julieta trabaja en una pequeña tienda de moda con venta física y presencia en redes. Quiere mejorar la experiencia de compra y vender más, pero tiene presupuesto limitado, un equipo pequeño y una clientela que usa mucho el móvil. Está valorando distintas tecnologías: probador virtual, chat con IA para dudas frecuentes, pago rápido desde móvil y herramientas de personalización de ofertas. ¿Qué opción de las siguientes refleja mejor una decisión tecnológica bien adaptada a la organización?

- **Implantar todas las tecnologías a la vez, aunque el equipo no sepa gestionarlas todavía, porque así la tienda parecerá más moderna desde el principio.**
- **Elegir primero las herramientas que mejor encajan con su realidad: por ejemplo, chat para consultas rápidas, pagos móviles y alguna acción de personalización sencilla.**
- **Copiar exactamente lo que hace una gran marca internacional, aunque la tienda no tenga el mismo presupuesto, volumen de ventas ni perfil de clientela.**
- **Evitar cualquier cambio tecnológico para no alterar la forma habitual de vender, aunque la clientela ya espere procesos más rápidos y cómodos.**

Continúa en página siguiente >>

<< Viene de página anterior

Solución

Lo más coherente al introducir tecnología en la venta es adaptarla a los recursos, a los objetivos comerciales y al tipo de clientela, ya que no todas las herramientas aportan el mismo valor en cualquier negocio. La mejor decisión no es incorporar "lo más llamativo", sino elegir lo que mejora de verdad el proceso comercial, facilita la compra y puede mantenerse en el día a día sin generar más problemas que ventajas.

- -

3. Descripción de herramientas de venta a través de internet

 HILO CONDUCTOR

Aitor entra en el panel de WooCommerce de la web de la empresa para comprobar si los servicios están bien publicados y si los precios aparecen correctamente. Julieta, por su parte, revisa el perfil de la empresa en *Google Maps* y responde a dos reseñas recientes: una positiva y otra con una queja sobre los tiempos de respuesta.

- -

La infraestructura tecnológica sobre la que se asienta la venta digital determina la capacidad de escalabilidad y la calidad de la experiencia del usuario.

La elección entre diferentes plataformas y modelos de negocio debe basarse en un análisis profundo de los recursos técnicos, el presupuesto operativo y los objetivos de crecimiento de la organización.

3.1. Plataformas de comercio electrónico (PrestaShop, WooCommerce, Shopify y otras)

En el mercado de plataformas para tiendas *online,* la distinción fundamental se encuentra entre el modelo SaaS *(Software as a Service)* y las soluciones de código abierto (*Open Source*). Cada una responde a perfiles de negocio distintos.

El modelo SaaS es la opción ideal para empresas que desean empezar rápido y carecen de un equipo técnico interno profundo. Personificado por Shopify, ofrece un entorno cerrado y gestionado por el proveedor.

Shopify incluye en su cuota mensual el *hosting,* el certificado SSL y el mantenimiento del servidor, garantizando que la tienda siempre esté operativa y segura. Proporciona una interfaz intuitiva, una excelente app para gestionar el negocio desde el móvil y una integración nativa con canales de venta en redes sociales y *marketplaces.*

Interfaz de la plataforma Shopify utilizada para crear y gestionar tiendas online.

Por el contrario, las plataformas de código abierto como WooCommerce o PrestaShop ofrecen un control total sobre cada aspecto de la tienda *online:*

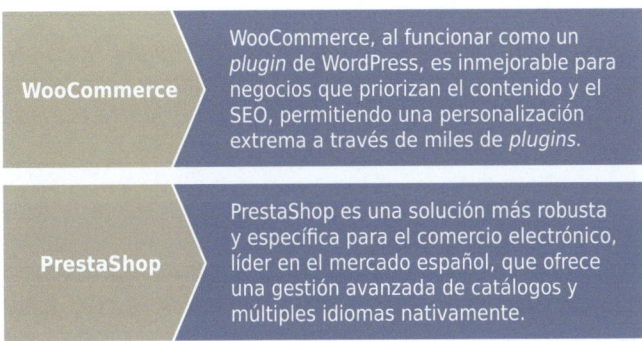

WooCommerce — WooCommerce, al funcionar como un *plugin* de WordPress, es inmejorable para negocios que priorizan el contenido y el SEO, permitiendo una personalización extrema a través de miles de *plugins.*

PrestaShop — PrestaShop es una solución más robusta y específica para el comercio electrónico, líder en el mercado español, que ofrece una gestión avanzada de catálogos y múltiples idiomas nativamente.

La desventaja de este modelo es que la empresa es responsable de contratar su propio *hosting,* gestionar las actualizaciones de seguridad y el mantenimiento técnico, lo que puede elevar los costes si se requiere el apoyo constante de desarrolladores especializados.

3.2. *Marketplaces* (Amazon, eBay y otros)

La venta a través de *marketplaces* como Amazon, eBay o Miravia se ha vuelto indispensable en una estrategia de omnicanalidad exitosa. Estos gigantes tecnológicos funcionan como centros comerciales digitales que ya cuentan con el tráfico y la confianza del consumidor.

Una de las mayores ventajas es la logística simplificada; a través de programas como FBA (*Fulfillment by Amazon*), las empresas pueden delegar el almacenamiento, el embalaje, el envío y la atención al cliente en el *marketplace,* lo que permite escalar ventas internacionales sin una infraestructura física propia.

No obstante, la estrategia de *marketplace* conlleva desafíos estructurales:

- **Falta de control sobre los datos del cliente.** En plataformas como Amazon, la relación con el cliente pertenece a la plataforma, no a la marca.
- **Limitaciones en fidelización.** Esto dificulta realizar acciones de *remarketing* directo o construir relaciones con el cliente fuera del *marketplace*.
- **Altas comisiones.** Las comisiones de venta pueden situarse aproximadamente entre el 8 % y el 20 %, dependiendo de la categoría del producto.
- **Normativas estrictas.** Las plataformas establecen reglas y requisitos de cumplimiento que pueden afectar a la operativa y a los márgenes.

 IMPORTANTE

El enfoque óptimo es el multicanal: utilizar los *marketplaces* para la captación de nuevos clientes y el alcance masivo, mientras se incentiva la migración hacia la tienda propia para compras recurrentes donde el margen y el control del dato sean superiores.

3.3. Herramientas de confianza *online* y gestores de opiniones

La prueba social es el mecanismo psicológico que más influye en la conversión digital.

En ausencia de contacto físico con el producto, el comprador busca validación en la experiencia de otros usuarios:

- **Sellos de confianza.** Los sellos de confianza, como confianza *online* o Trusted Shops, actúan como avales de terceros que garantizan la legalidad y la ética del sitio web, reduciendo la fricción en el momento del pago. Esta reducción de la desconfianza en el pago se traduce en un aumento inmediato de la tasa de conversión.
- **Gestores de reseñas.** Los gestores de reseñas, como *Google Business Profile, Trustpilot* o *Yotpo,* son herramientas estratégicas para la reputación de la marca.

  - **Google Business Profile.** Herramienta para gestionar reseñas de clientes y la presencia de la empresa en Google Maps.

    - Mejora el SEO local.
    - Aumenta la visibilidad cuando los clientes buscan servicios cercanos.

  - **Trustpilot / Yotpo.** Plataformas para recoger y mostrar opiniones verificadas de clientes.

    - Generan contenido creado por los propios usuarios (UGC).
    - Refuerzan la credibilidad y la confianza en el producto o servicio.

  - **Protocolos PCI DSS.** Estándares de seguridad para proteger la transmisión de datos de pago con tarjeta.

    - Previenen fraudes y filtraciones de datos financieros.
    - Garantizan el cumplimiento de requisitos legales en pagos electrónicos.

Una gestión profesional de las opiniones implica no solo fomentar que los clientes satisfechos dejen su testimonio, sino saber responder adecuadamente a las críticas negativas.

NOTA

Las reseñas negativas, lejos de ser un fracaso, son oportunidades para demostrar públicamente el compromiso con el servicio al cliente.

La fórmula recomendada incluye: dirigirse al cliente por su nombre, agradecer el *feedback,* pedir disculpas por la situación específica sin entrar en debates públicos estériles y ofrecer una vía de resolución privada.

 **EJEMPLO**

Hola, María.

Muchas gracias por compartir tu experiencia. Sentimos que el servicio no haya cumplido tus expectativas, especialmente en relación con el tiempo de entrega que mencionas. Te pedimos disculpas por las molestias ocasionadas. Nos gustaría poder revisar tu caso y darte una solución lo antes posible, por lo que te invitamos a escribirnos por mensaje privado o al correo de atención al cliente para ayudarte de forma directa.

Esta transparencia genera una imagen de marca responsable y profesional que a menudo convence a otros compradores potenciales con mayor eficacia que las reseñas perfectas sospechosas de ser falsas.

 ACTIVIDAD COMPLEMENTARIA

2. Reflexiona sobre cómo la infraestructura tecnológica condiciona la venta digital y vas a comparar, de forma realista, plataformas SaaS y Open Source.

   Elige una plataforma y entra a su web oficial para explorarla:

   · Shopify (SaaS)
   · WooCommerce *(plugin* de WordPress, Open Source)
   · PrestaShop (Open Source)

   Después, elabora un texto breve con:

   · La idea principal: cómo crees que la plataforma elegida afecta a la escalabilidad y a la experiencia de usuario (por ejemplo: velocidad, seguridad, estabilidad, facilidad de compra).

Continúa en página siguiente >>

<< Viene de página anterior

- Qué te parece más "ventaja real" en ese modelo (SaaS u Open Source) para una empresa que quiere empezar rápido o crecer a medio plazo.
- Qué recurso crees que exigiría sí o sí (equipo técnico, presupuesto mensual, mantenimiento, *plugins*, *hosting*, soporte, etc.).
- Una mini conclusión: "Para un negocio con pocos recursos técnicos elegiría... porque...", o "para un negocio que quiere control total elegiría... porque...".

4. Formulación de estrategias de venta digital

 HILO CONDUCTOR

Después de revisar la situación, Julieta propone anunciar un *webinar* gratuito en Zoom para explicar el servicio a posibles clientes. Aitor prepara una pequeña campaña en *Instagram* dirigida a personas que ya visitaron la web de la empresa, para recordarles la oferta y animarlas a solicitar información.

Una vez definida la infraestructura y las herramientas, la organización debe centrarse en la ejecución de estrategias que optimicen el ciclo de vida del cliente.

La venta digital permite un nivel de medición y personalización que las tácticas tradicionales no podían alcanzar, permitiendo que cada acción sea monitorizada y ajustada en tiempo real.

4.1. Técnicas de *remarketing*

El *remarketing* (o *retargeting*) se basa en la premisa de que un usuario rara vez compra en su primera visita a una web. Esta técnica permite volver a impactar a personas que ya han interactuado con la marca, pero que no completaron la conversión deseada.

El motor técnico de esta estrategia son los píxeles de seguimiento (como el píxel de Meta o la etiqueta de *Google Ads*), pequeños fragmentos de código que permiten a las plataformas publicitarias saber exactamente qué productos ha visualizado un usuario [User Query].

Una de las aplicaciones más efectivas del *remarketing* es la recuperación de carritos abandonados. Las estrategias incluyen:

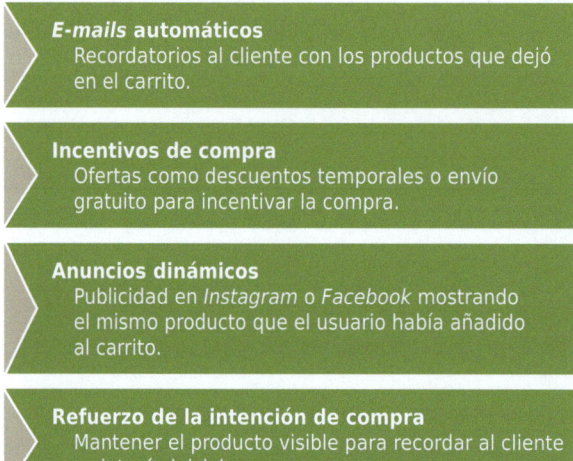

E-mails automáticos
Recordatorios al cliente con los productos que dejó en el carrito.

Incentivos de compra
Ofertas como descuentos temporales o envío gratuito para incentivar la compra.

Anuncios dinámicos
Publicidad en *Instagram* o *Facebook* mostrando el mismo producto que el usuario había añadido al carrito.

Refuerzo de la intención de compra
Mantener el producto visible para recordar al cliente su interés inicial.

 **NOTA**

Dado que el promedio de abandono de carritos en el *e-commerce* es alto, recuperar incluso una pequeña fracción de estos puede suponer un incremento sustancial en la facturación.

4.2. Uso de *webinars* como herramienta de venta

El *webinar* o seminario web es una herramienta de venta basada en la educación que ha demostrado una eficacia excepcional para productos de alto valor o servicios complejos.

NOTA

El objetivo no es realizar una presentación comercial aburrida, sino ofrecer contenido de alto valor que resuelva un problema real del usuario, posicionando a la empresa como la solución natural a ese problema.

La estructura ganadora de un *webinar* de ventas suele dividirse en 60 minutos:

Conexión y contexto (15 minutos)
Presentación del ponente, su historia de éxito y la validación del problema que sufre la audiencia para generar empatía y autoridad.

Contenido de valor (30 minutos)
Formación pura y dura donde se enseñan estrategias o tácticas útiles que el usuario pueda aplicar inmediatamente. El objetivo es dejar a la audiencia "sin respiración" por la calidad de la información gratuita.

Oferta irresistible (15 minutos)
Transición hacia la solución comercial, presentando el producto o servicio con bonos exclusivos por tiempo limitado para incentivar la acción inmediata.

Para maximizar el alcance sin agotar al equipo humano, se utilizan los "Evergreen Webinars". Estos son *webinars* grabados que, mediante *software* especializado como Systeme.io, EverWebinar o WebinarJam, se presentan a los nuevos usuarios como si fueran en directo, con chat automatizado y horarios fijos cada 15 minutos o en horas punta. Esto permite tener un "vendedor perfecto" trabajando las 24 horas del día, los 7 días de la semana, captando leads y cerrando ventas de forma totalmente automatizada.

4.3. Estrategias de venta en redes sociales

El *social commerce* está transformando las redes sociales de escaparates a terminales de punto de venta.

En el entorno digital actual, las redes sociales se pueden utilizar para generar ventas directas mediante diferentes estrategias de venta. Algunas de las más utilizadas combinan contenido visual, recomendaciones de personas influyentes y la participación de los propios clientes:

- **Shoppable Posts.** Son publicaciones en redes sociales donde los productos aparecen etiquetados directamente en imágenes o vídeos.
  Los *Shoppable Posts* permiten a las marcas reducir los clics necesarios desde el descubrimiento del producto hasta el pago final. Esta inmediatez es vital en un entorno de atención fragmentada.
- **Marketing de microinfluencers.** El *marketing* de *influencers* en 2026 ha pivotado hacia los *microinfluencers:* perfiles con entre 10.000 y 50.000 seguidores que poseen una tasa de compromiso *(engagement)* muy superior a la de las grandes celebridades. Al colaborar con ellos, las marcas acceden a nichos específicos de mercado con una base de confianza preestablecida, lo que se traduce en una mayor efectividad en la conversión.
- **Contenido generado por el usuario (UGC).** El Contenido Generado por el Usuario (UGC) se ha convertido en el activo de *marketing* más valioso. Compartir las fotos y testimonios reales de los clientes no solo es gratuito, sino que resulta mucho más convincente que cualquier fotografía de catálogo profesional, ya que actúa como una prueba social auténtica que humaniza la marca y fomenta la comunidad.

4.4. Campañas de promoción de prácticas sostenibles y productos responsables

El consumidor actual, especialmente el perteneciente a las generaciones Z y *millennial,* tiene más tendencia a comprar basándose en valores éticos y medioambientales.

El *green marketing* consiste en comunicar de manera efectiva que el modelo de negocio es responsable, pero debe hacerse con extrema cautela para no caer en el *greenwashing* o ecoblanqueo engañoso.

 **IMPORTANTE**

La transparencia es la clave para evitar acusaciones de *marketing* engañoso.

Las empresas deben ser capaces de demostrar la trazabilidad del producto, es decir, el registro detallado de todo el trayecto de los materiales desde su origen hasta el consumidor final.

Mostrar que un *packaging* es biodegradable, que los procesos de fabricación son neutros en carbono o que el envío es "carbon neutral" se convierte en un argumento de venta *premium* que justifica un precio superior en el mercado.

 VÍDEO

El siguiente vídeo explica cómo algunas empresas utilizan campañas de *marketing* sostenible para promocionar productos responsables con el medioambiente y comunicar su compromiso con la sostenibilidad. Accede al vídeo desde aquí:

https://redirectoronline.com/comt00680205

 TAREA 2

Una empresa de formación *online* ha detectado que muchas personas visitan su página web para informarse sobre un curso, pero finalmente no se inscriben. Julieta y Aitor deciden poner en marcha tres acciones de venta digital para aumentar las matrículas: una campaña de *remarketing*, un *webinar* informativo gratuito y una acción promocional en *Instagram*.

Propón una acción concreta para cada una de las siguientes estrategias:

- Una acción de *remarketing* dirigida a personas que visitaron la página del curso pero no se matricularon.

Continúa en página siguiente >>

<< Viene de página anterior

- Un *webinar* que sirva para presentar el curso y resolver dudas.
- Una publicación o campaña en *Instagram* para atraer nuevos estudiantes.

5. Resumen

En la actualidad, muchas decisiones de compra se toman antes de que el cliente contacte con la empresa, ya que las personas buscan información en internet, comparan opiniones, consultan redes sociales o revisan reseñas de otros usuarios. Por este motivo, las organizaciones incorporan herramientas tecnológicas que les permiten comprender mejor a sus clientes, personalizar las ofertas y mejorar la experiencia de compra.

Entre las tecnologías que más están influyendo en la venta destacan:

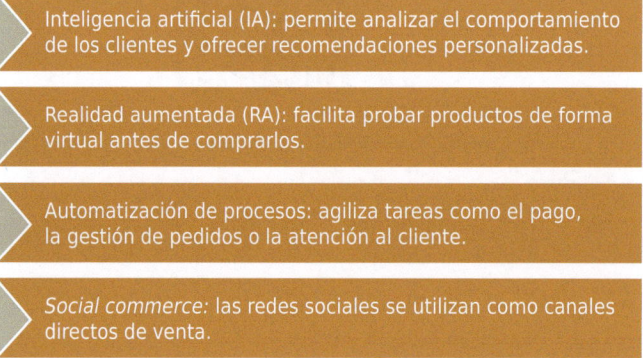

Inteligencia artificial (IA): permite analizar el comportamiento de los clientes y ofrecer recomendaciones personalizadas.

Realidad aumentada (RA): facilita probar productos de forma virtual antes de comprarlos.

Automatización de procesos: agiliza tareas como el pago, la gestión de pedidos o la atención al cliente.

Social commerce: las redes sociales se utilizan como canales directos de venta.

Para que estas tecnologías funcionen correctamente dentro de una empresa, es necesario adoptar una mentalidad digital, es decir, una actitud abierta al cambio y a la innovación. Además, las organizaciones deben contar con infraestructuras tecnológicas adecuadas.

Las empresas también utilizan blogs y redes sociales como herramientas estratégicas para atraer clientes. A través del contenido útil y relevante, pueden mejorar su posicionamiento en buscadores, generar confianza y educar a las personas consumidoras antes del proceso de compra.

En el ámbito de la venta *online,* existen diferentes plataformas de comercio electrónico:

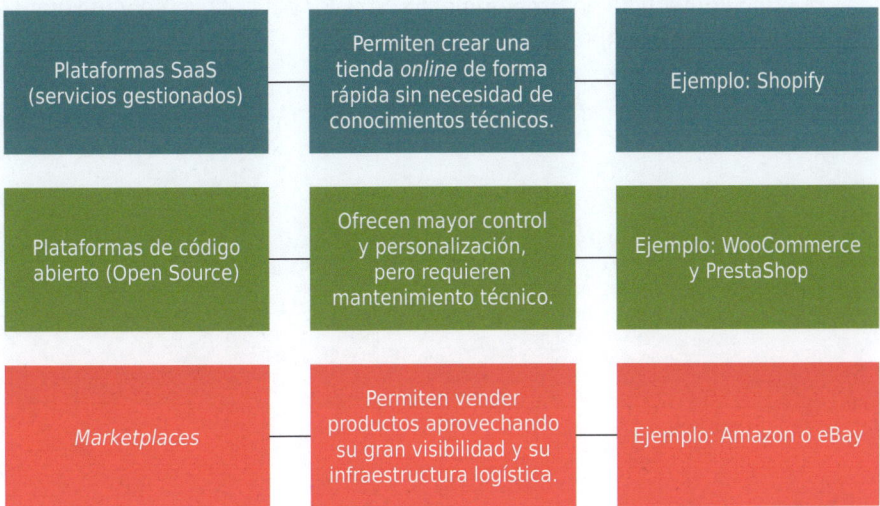

La confianza es un elemento fundamental en la venta digital. Por ello, las empresas utilizan sellos de confianza online, gestores de reseñas y sistemas de seguridad en los pagos para generar credibilidad. Las opiniones de otros clientes influyen mucho en la decisión de compra, por lo que es importante gestionar las reseñas de forma profesional, agradeciendo los comentarios positivos y respondiendo con respeto y soluciones a las críticas.

Una vez que la infraestructura tecnológica está preparada, las organizaciones pueden desarrollar estrategias de venta digital. Entre las más utilizadas se encuentran:

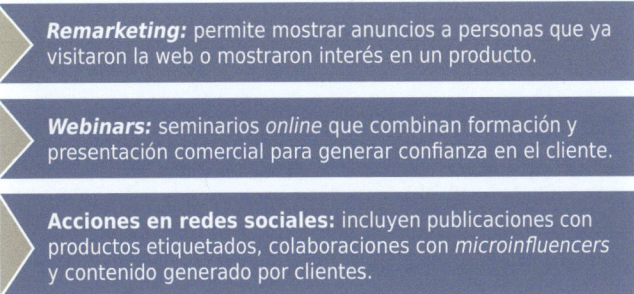

Por último, también han ganado importancia las campañas de *marketing* sostenible, que destacan prácticas responsables con el medioambiente o con la sociedad. Cuando estas acciones se comunican con transparencia, pueden convertirse en un argumento de valor para el cliente y mejorar la reputación de la empresa.

Ejercicios de autoevaluación
Unidad de Aprendizaje 2

1. ¿Qué ha cambiado en el proceso de venta en los últimos años?

    a. Muchas decisiones de compra se toman antes de contactar con la empresa.
    b. La venta depende solo de la tienda física.
    c. Las personas compran sin informarse antes.
    d. Las redes sociales apenas influyen en la compra.

2. ¿Para qué sirven las nuevas tecnologías aplicadas a la venta?

    a. Solo para reducir personal.
    b. Para comunicar mejor y personalizar ofertas.
    c. Solo para vender productos físicos.
    d. Para sustituir completamente a la clientela.

3. Indica si cada afirmación es verdadera o falsa:

    a. Las herramientas digitales ayudan a comprender mejor las necesidades de la clientela.

        ■ Verdadero
        ■ Falso

    b. La tecnología en ventas únicamente sirve para grandes empresas.

        ■ Verdadero
        ■ Falso

    c. La personalización se ha convertido en un factor importante en la venta actual.

        ■ Verdadero
        ■ Falso

4. ¿Qué significa que una organización tenga mentalidad digital?

    a. Usar redes sociales todos los días.
    b. Comprar muchos programas informáticos.
    c. Adoptar una actitud abierta al cambio y al uso útil de la tecnología.
    d. Automatizar todo sin revisar resultados.

5. ¿Qué elementos sostienen la adaptación tecnológica en una empresa?

    a. Solo el diseño de la web.
    b. Solo la publicidad *online*.
    c. Infraestructura tecnológica, seguridad y gestión del cambio.
    d. Únicamente el uso de redes sociales.

6. Indica si cada afirmación es verdadera o falsa:

    a. La resistencia al cambio puede dificultar la digitalización de una organización.

        ■ Verdadero
        ■ Falso

    b. El *cloud computing* forma parte de la adaptación tecnológica empresarial.

        ■ Verdadero
        ■ Falso

    c. Tener mentalidad digital significa únicamente saber usar un *software* concreto.

        ■ Verdadero
        ■ Falso

7. ¿Qué función puede cumplir un blog corporativo dentro de la venta digital?

    a. Solo decorar la web.
    b. Atraer clientes, generar confianza y aportar contenido útil.

c. Sustituir la tienda *online*.

d. Evitar el uso de redes sociales.

8. ¿Qué es el *social selling?*

a. Utilizar las redes sociales para detectar oportunidades.

b. Publicar cualquier contenido en redes sin estrategia.

c. Vender solo en tiendas físicas.

d. Enviar mensajes automáticos a todo el mundo.

9. ¿Qué caracteriza al programa Kit Digital en España?

a. Es una app para crear tiendas *online*.

b. Es una ayuda para financiar soluciones de digitalización en empresas.

c. Es un CRM gratuito obligatorio.

d. Es un sistema de pago móvil.

10. Indica si cada afirmación es verdadera o falsa:

a. Shopify es una plataforma SaaS de comercio electrónico.

- ■ Verdadero
- ■ Falso

b. WooCommerce y PrestaShop ofrecen un modelo de mayor control técnico.

- ■ Verdadero
- ■ Falso

c. En un *marketplace,* la empresa mantiene siempre el control total sobre los datos del cliente.

- ■ Verdadero
- ■ Falso

Glosario

Automatización del *marketing* (*marketing automation*)
Uso de herramientas tecnológicas que permiten automatizar tareas repetitivas de *marketing* digital, como el envío de correos electrónicos, la segmentación de clientes o la gestión de campañas en distintos canales.

Chat en vivo *(live chat)*
Sistema de comunicación en tiempo real que permite a las empresas atender consultas de clientes a través de una página web o una aplicación de mensajería.

Cliente potencial *(lead)*
Persona que ha mostrado interés en un producto o servicio de una empresa y que puede convertirse en cliente en el futuro.

CRM *(customer relationship management)*
Sistema informático utilizado para gestionar la relación con los clientes, almacenar información sobre ellos y registrar las interacciones realizadas con la empresa.

Embudo de ventas *(funnel* de ventas)
Modelo que representa las diferentes fases por las que pasa un cliente potencial desde que conoce un producto o servicio hasta que realiza una compra.

Experiencia del cliente *(customer experience)*
Percepción que tiene una persona sobre una empresa a partir de todas las interacciones que mantiene con ella durante el proceso de compra y uso del producto o servicio.

Inbound *marketing*
Estrategia de *marketing* basada en atraer clientes mediante contenido útil y relevante en lugar de utilizar únicamente publicidad directa.

Lead scoring
Sistema que permite clasificar o puntuar a los clientes potenciales según su nivel de interés o probabilidad de realizar una compra.

Marketing digital
Conjunto de estrategias y acciones comerciales realizadas a través de internet y medios digitales para promocionar productos o servicios.

Marketing multicanal
Estrategia que utiliza diferentes canales de comunicación (correo electrónico, redes sociales, web, mensajería, etc.) para interactuar con los clientes.

Remarketing
Estrategia de *marketing* que permite mostrar anuncios personalizados a personas que previamente han visitado una página web o han mostrado interés en un producto o servicio.

Retargeting
Técnica de publicidad digital basada en el uso de cookies o etiquetas de seguimiento que permite mostrar anuncios a usuarios que han visitado previamente un sitio web.

Reputación *online*
Imagen o percepción que tienen los usuarios de una persona, empresa o marca a partir de la información disponible en internet.

Redes sociales
Plataformas digitales que permiten a las personas comunicarse, compartir contenidos e interactuar con otras personas o marcas.

Segmentación de clientes
Proceso de clasificación de los clientes en grupos con características o comportamientos similares para adaptar las estrategias de *marketing*.

SEO *(search engine optimization)*
Conjunto de técnicas destinadas a mejorar la visibilidad de una página web en los resultados de los motores de búsqueda.

Social selling
Estrategia de ventas basada en el uso de redes sociales para crear relaciones con clientes potenciales, generar confianza y detectar oportunidades de negocio.

Software en la nube *(cloud)*

Aplicaciones informáticas que funcionan a través de internet y que permiten acceder a la información desde diferentes dispositivos sin necesidad de instalar programas en un ordenador.

Workflow (flujo de trabajo)

Secuencia automatizada de acciones dentro de una herramienta digital que se activa cuando ocurre un determinado evento, como el registro de un cliente o la descarga de un contenido.

Bibliografía

Monografías

→ MEJÍA Llano, J. C.: *Ventas con IA para vendedores de alto desempeño: Guía práctica de inteligencia artificial para vendedores y líderes comerciales.* España: Amazon, 2025.

> Este libro aborda la aplicación de la inteligencia artificial en los procesos de venta y gestión comercial, mostrando cómo herramientas como ChatGPT y otras soluciones de IA pueden ayudar a mejorar la productividad y la toma de decisiones en los equipos comerciales. A lo largo de sus contenidos se presentan estrategias para integrar la inteligencia artificial en diferentes fases del proceso de ventas, desde la captación de clientes potenciales hasta el seguimiento y la fidelización. La obra incluye ejemplos prácticos y propuestas de uso mediante *prompts* y herramientas digitales que permiten optimizar la comunicación con los clientes, mejorar la organización de la información comercial y aumentar la eficiencia de las estrategias de *marketing* y ventas.

→ PAYNE, C.: *La venta disruptiva: Cómo ser impredecible, llamar la atención y cerrar más ventas B2B.* Colombia: Pan House Casa Editorial S. A. S., 2023.

> Este libro analiza estrategias de venta innovadoras orientadas al entorno B2B *(business to business)*, centradas en captar la atención del cliente y diferenciarse en mercados altamente competitivos. A lo largo de la obra se abordan técnicas para mejorar la comunicación comercial, desarrollar propuestas de valor más atractivas y aplicar enfoques disruptivos en los procesos de venta. El contenido incluye recomendaciones prácticas sobre cómo generar interés en los clientes potenciales, fortalecer la relación comercial y mejorar las tasas de cierre de ventas mediante estrategias creativas y adaptadas a las nuevas dinámicas del mercado.

Textos electrónicos

→ Innovación y tecnología en la distribución comercial, de: <https://www.cemad.es/wp-content/uploads/2018/03/Innovacion_y_tecnologia_en_la_distribucion_comercial.pdf>.

> Este artículo analiza el papel de la innovación y de las tecnologías de la información y la comunicación en la evolución de la distribución comercial. El texto aborda cómo los avances tecnológicos y el desarrollo del comercio electrónico han transformado las prácticas comerciales tradicionales, modificando

aspectos como la localización de los establecimientos, los horarios comerciales o la relación entre empresas y clientes. Asimismo, se examinan los cambios en las formas de venta y en los modelos de negocio derivados de la digitalización, así como las nuevas oportunidades que ofrecen las tecnologías digitales para mejorar la competitividad de las empresas en el ámbito de la distribución comercial.

→ Manual de técnicas comerciales, de: <https://ipyme.org/Publicaciones/ Gu%C3%ADas%20para%20emprendedores%20y%20empresas/ ManualTecnicasComerciales.pdf>.

Este manual desarrolla los fundamentos de la actividad comercial y las principales técnicas utilizadas en los procesos de venta. A lo largo de sus contenidos se abordan aspectos como el concepto de cliente y su tipología, la segmentación de clientes y los procesos de fidelización, así como el análisis del comportamiento del cliente y el valor que este aporta a la empresa. El documento también analiza las técnicas de comunicación aplicadas a la actividad comercial, el tratamiento de objeciones, las técnicas de cierre de ventas y la organización de la actividad comercial, incluyendo la planificación de visitas, la gestión de la cartera de clientes y la preparación de entrevistas comerciales. El manual ofrece una visión estructurada de las distintas fases del proceso de venta y de las habilidades necesarias para el desarrollo eficaz de la actividad comercial.